INANNA

Iziannagi

INANNA

Déesse de la Vie
et de la Lumière

Éditions Danaé

2022

Éditions Danaé
10, rue de Vidailhan
31130 Balma
FRANCE

www.editions-danae.com

Retrouvez-nous sur les réseaux sociaux

Facebook @editionsdanae
Twitter @AllianceMagique
Instagram @editionsdanae

Crédits

Direction éditoriale : Aurélie Simonneau
Couverture : Arnaud Thuly
Création graphique et mise en page : Éloïse Rusch
Correction : Clémence Fenu
Images couverture : © Stéphanie Gras (Inanna) ; © iStock/VladSt (fond) ; Drakonova (arabesques florales) ; AlonzoDesign (lion)
Images intérieures : © Stéphanie Gras (Inanna, nœud d'Inanna) ; © Iziannagi (photo de l'arbre de vie assyrien p. 168, schémas) ; © Wikimédia Commons (carte de la Mésopotamie p. 24) ; © Servane Keriguy (frise chronologique p. 25) ; © Éloïse Rusch (pictogrammes sumériens à partir des illustrations du dictionnaire © *ePSD* et d' © Iziannagi) ; © iStock/Drakonova (fonds parchemins neutres et fleuris, arabesques florales) ; AlonzoDesign (lion) ; Gyzele (feuilles de rose) ; Lebazele (mosaïque) ; Hibrida13 (frise de pictogrammes)

Un label des Éditions Alliance Magique
ISBN : 979-10-94876-63-3
Dépôt légal : 1er trimestre 2022

Imprimé en France par Présence Graphique - Monts.

L'AUTEURE

Iziannagi est une passionnée : elle adore l'histoire et les langues du Proche-Orient ancien. Elle a étudié la théologie et l'histoire des religions avant de finalement tomber dans le néopaganisme, où elle s'est épanouie. Elle est alors sortie du cadre académique pour une approche beaucoup plus spirituelle et vivante des anciennes divinités de cette région. Le néopaganisme lui a permis de mettre en pratique des acquis théoriques, notamment sur la magie mésopotamienne, ou de tester des recettes anciennes (huile de consécration, encens etc.).

SOMMAIRE

INTRODUCTION

Je n'ai jamais vraiment ressenti d'attirance pour les déesses de la guerre et de la sexualité. Lorsque j'étais étudiante au sein de l'EMD[1], l'archétype de l'amante et de la guerrière ne m'avait guère inspirée. Je connaissais Inanna par les mythes et j'avais en tête l'image d'une divinité pourrie gâtée, d'une éternelle insatisfaite aux crises de colère injustifiées. Elle incarnait pour moi l'archétype de la jeune fille riche et privilégiée, la jet-setteuse méprisante qui trompait son ennui et comblait le vide de sa divine existence dans des excès en tout genre… Mais ça, c'était avant deux événements importants.

En 2016, en flânant dans les rayonnages consacrés à la Mésopotamie à la Bibliothèque nationale de France, je suis tombée sur une monographie consacrée à Inanna[2] qui m'a marquée. Elle parle de sa place dans le système religieux des Sumériens, ainsi que son rôle dans la hiérarchie céleste. Je me suis rendu compte qu'Inanna était une grande incomprise et je me suis sentie idiote, car mes croyances sur cette divinité étaient totalement biaisées : elle n'est pas du tout ce qu'elle paraît être. Elle est la déesse de la Violence et de la Sexualité, mais il y a derrière ses attributions des enjeux cosmologiques et des drames qui font d'Inanna une déesse des extrêmes et des contraires. Je

---

1. L'EMD est l'École des mystères de la Déesse.

2. BRUSCHWEILER (Françoise), *Inanna, la déesse triomphante et vaincue dans la cosmologie sumérienne*, coll. « Les cahiers du CEPOA », 4, Peeters Publishers, Louvain, 1987. C'est une étude sur les manifestations lumineuses d'Inanna et de sa place dans son contexte cosmologique. Pour résumer, l'auteur essaye de répondre à diverses questions : qu'est-ce que le sacré et le divin pour les sumériens ? Quel est le rôle de la lumière dans la religion sumérienne ? Quelle place avait Inanna dans la cosmologie et la pensée religieuse des Sumériens ?

n'ai pas cherché plus que ça à me rapprocher d'elle. Si j'avais feuilleté ce livre et pris quelques notes, c'était uniquement dans le cadre d'une recherche sur la splendeur divine. J'ai continué ma route jusqu'à ce que nos chemins se recroisent.

Fin 2016, j'ai commencé à faire de violentes crises d'angoisse. Je les ressentais physiquement comme des crises cardiaques, et mon esprit perdait le contrôle de mon corps, ce qui était effrayant. Ce mal-être me rongeait et m'handicapait dans mon quotidien, car tout pouvait déclencher une crise : être seule chez moi, être dehors avec des amis ou au milieu d'inconnus, regarder un film... En peu de temps, la peur de la crise était devenue aussi forte que la crise elle-même. J'ai consulté des médecins, fait de la relaxation, tenté de me raisonner, mais rien n'y faisait : je continuais de souffrir. Je me sentais démunie, épuisée par cette lutte incessante contre moi-même et acculée dans mes derniers retranchements. Je ne voulais pas me résoudre à me tourner vers la psychiatrie, car je ne voulais pas me retrouver anesthésiée par des antidépresseurs alors que j'étais maman et que mon fils était mon îlot de sérénité au milieu de mon chaos intérieur.

Pour exorciser ce mal-être et le canaliser, j'ai commencé à écrire un roman. Cette idée m'est venue à la suite d'un rêve étrange et plaisant, qui me changeait des cauchemars. Je me suis accrochée à mes bribes de souvenirs et j'ai mis par écrit mon rêve. Cinq mois plus tard, j'avais une histoire de quatre cents pages qui était sortie toute seule avec une facilité qui me déconcertait. Le plus important, c'était qu'au fil de la rédaction, mes crises ont commencé à diminuer en intensité et à s'espacer. En relisant mon roman, je me suis rendu compte de la puissance de l'inconscient.

Il s'avère que mon héroïne est une déesse de la Guerre et de la Fécondité. Cet archétype ne m'intéressait pas du tout, mais j'en parlais facilement et toujours avec plaisir. Il y avait beaucoup d'emprunts ou de références à la religion mésopotamienne, car c'est mon domaine d'études privilégié. Je me souviens encore de ma surprise quand j'ai compris que mon héroïne était très fortement inspirée d'Inanna. J'ai trouvé la coïncidence amusante, mais je percevais mon livre comme une thérapie, un moyen de soulager mon esprit torturé. À ce moment-là, mon personnage me paraissait beaucoup moins colérique et excessif qu'elle. Mon roman n'était que le fruit de mon imagination et de mes connaissances en assyriologie, je ne voyais toujours pas l'intérêt de travailler avec Inanna.

Mon mari eut alors la brillante idée de m'offrir cette fameuse monographie sur Inanna. Un vrai coup de chance vu la rareté de ce livre. J'ai pris le temps de le lire entièrement et pas juste un ou deux chapitres, comme à la BnF. Ce fut un choc : ce que j'avais écrit dans mon livre était plus proche de l'Inanna sumérienne que je ne l'aurai cru. J'avais associé mon héroïne à des symboles ou des concepts que je trouvais originaux et peu courants, mais ils étaient tous rattachés à Inanna. S'ajoutaient à cela d'autres livres qui me ramenaient toujours vers cette déesse malgré mes réticences.

J'ai donc décidé de prendre les choses en main et de comprendre ce qui continuait tant à m'agacer chez elle et pourquoi j'avais passé cinq mois à raconter une histoire qui faisait écho à son culte. J'ai commencé à regarder ce qui était écrit dans le milieu du néopaganisme et j'admets avoir été un peu dépitée. Je ne doute pas un instant de la bonne volonté et de la sincérité de ses adeptes. Inanna est fascinante et d'une grande modernité, mais j'ai eu l'impression que certains y projetaient leurs propres attentes, leurs fantasmes et que l'Inanna des Sumériens n'était pas vraiment connue, ou alors tronquée d'une grande partie de ses prérogatives. Au final, si de mon côté son caractère capricieux et lunatique me dérangeait, d'autres passaient à côté de sa richesse et de sa complexité en lui apposant des étiquettes comme « féminin sacré » ou « guerre et amour ».

Après de longues réflexions, j'ai décidé deux choses : la première était de me consacrer à cette déesse en tant que prêtresse et la seconde, d'écrire un livre en reprenant les textes et les études à son sujet pour partager ma fascination pour elle et mon amour de la Mésopotamie.

Le but de ce livre est de brosser un portrait d'Inanna, de sa place dans la religion sumérienne et plus largement dans le Proche-Orient ancien. Qui est-elle ? Ce qui revient à demander : qui n'est-elle pas ? Quelles sont ses attributions ? Comment travailler avec elle au XXIe siècle ?

Je ne prétends pas avoir lu toute la bibliographie consacrée à Inanna, loin de là, pas plus que ce j'écris est LA vérité sur son culte et ses fonctions. Comme tout travail de recherche, il est réfutable et je ne suis pas infaillible[3]. Je me suis efforcée de rendre les travaux universitaires accessibles sans trop entrer dans les précisions académiques. Ce que je présente est un travail de vulgarisation. Je parle aussi de ma pratique personnelle et de mes expériences avec Inanna, ce qui est totalement subjectif !

J'ai conçu cet ouvrage comme un support où chacun peut trouver ce qui l'intéresse : de l'histoire, un peu de linguistique, des symboles, des offrandes, ainsi que des mythes et leurs analyses. La Mésopotamie étant peu connue, j'ai voulu ouvrir une fenêtre sur cette civilisation et parler aussi du mode de vie des Mésopotamiens et de leur religion. Cependant, je me méfie des raisonnements fallacieux. Il y en a souvent deux qui reviennent quand on parle de traditions anciennes dans le néopaganisme :

3. Je suis passionnée par la religion mésopotamienne que j'explore depuis quinze ans, mais je ne surestime ni mes compétences en assyriologie ni mes capacités. Je considère que douter, se tromper et le reconnaître sont des forces et non des faiblesses.

- l'appel à l'exotisme : ce n'est pas parce qu'un peuple nous paraît lointain et « exotique » que leurs remèdes, pratiques religieuses ou croyances sont valides. Par exemple, dire des Sumériens qu'ils étaient mystiques parce qu'ils vivaient en Mésopotamie (une région réputée chargée de mystères et de sensualité), c'est un appel à l'exotisme. Au contraire, ils étaient plutôt pragmatiques ;
- l'appel à l'ancienneté : ce n'est pas parce qu'une pratique, une croyance ou un remède sont traditionnels que ce sont forcément de bonnes pratiques, il suffit de regarder le cas de l'excision[4] pour s'en rendre compte. Rien ne remplace l'expérimentation et l'esprit critique. Les Sumériens sont les premiers à avoir mis par écrit des rites magiques : est-ce que leurs pratiques sont plus valables que d'autres ? Non.

Il y a une différence entre croire et savoir. Je suis une néo-païenne, je le vis bien et j'ai bien conscience que mes croyances ne sont que des croyances. C'est dans mon caractère de poser des questions, d'interroger les idées considérées comme des vérités et de ne pas croire pour croire. C'est ce qui m'a poussée à étudier la théologie et l'histoire des religions : la volonté de comprendre les croyances religieuses et comment elles ont façonné les civilisations.

D'un point de vue méthodologique, il faut également bien comprendre que les similarités entre des cultes, des divinités ou des mythes sont des suggestions d'une connexion et non des preuves d'une connexion entre des traditions. C'est très différent ! Tous ceux

---

4. C'est un cas extrême, mais on peut parler de la pharmacopée chinoise et des « vertus » de la corne de rhinocéros, des sacrifices humains chez les Mayas, de l'esclavagisme, etc. La tradition n'est pas synonyme de « bonne chose », il est sain de les interroger.

qui s'intéressent à l'histoire des religions ou à la mythologie comparée savent qu'il faut se méfier de cet argument fallacieux : *Potest, ergo est* (littéralement : « c'est possible donc c'est »), c'est-à-dire faire d'une possibilité une vérité[5].

Cependant ma méthode n'est pas parfaite, puisque pour faciliter la lecture et la compréhension, j'ai dû faire des compromis. Pour réaliser une enquête solide, je ne devrais comparer Inanna qu'à des divinités de sa période, c'est-à-dire entre le IIIe et le IIe millénaire, ou à des traditions ayant une continuité religieuse dans le temps, ou encore m'appuyer sur des preuves d'une interdépendance des sources que je compare. Or, j'ai choisi un cadre chronologique très large qui couvre quatre millénaires, et je compare parfois les structures narratives des mythes, ce qui ne correspond pas forcément à une approche historique. Mon cadre géographique est également vaste puisqu'il englobe le bassin méditerranéen et la Mésopotamie. Autant dire qu'il en découle des inexactitudes. Cet ouvrage n'a pas de vocation scientifique, je ne suis pas assyriologue, mais je suis attachée à une approche méthodologique. Il me semble nécessaire de pointer les lacunes de ma démarche tout en proposant une solution avec une bibliographie pour permettre à chacun d'avoir accès à mes sources et approfondir les sujets abordés au sein de cet ouvrage.

---

5. Voir l'introduction de Lapinkivi (Pirjo), *The Sumerian Sacred Marriage in the Light of Comparative Evidence*, State Archives of Assyria Studies, vol. XV, The Neo-Assyrian Corpus Project, Helsinki, 2004, p. 20-24.

NOTE INTRODUCTIVE

Afin de faciliter la lecture de ce livre, voici un petit mémo sur les conventions concernant la prononciation du sumérien et de l'akkadien.

Translittération

Par convention, les signes en sumérien sont écrits en majuscule et les syllabes séparées par des points. D'ordinaire, seuls les mots en akkadien, babylonien et assyrien sont écrits en italique afin de les différencier de ceux en sumérien. Cependant, pour des raisons éditoriales, l'italique sera appliqué sans distinction de ces langues, à l'exception des noms propres. Voici quelques exemples des conventions :

ZU.AB = signes sumériens (Sagesse + Mer).

Abzu = océan d'eau douce souterrain.

Apsû = mot en akkadien.

Indice et exposant

Un chiffre en indice indique un homophone. Voici un exemple avec la syllabe « ab » :

ab = mer, fenêtre, père. S'écrit avec le signe AB :

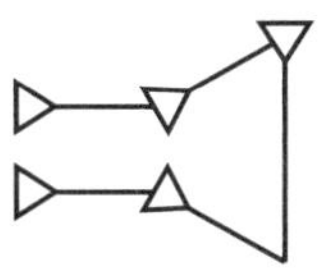

ab$_2$ = vache. S'écrit avec le signe AB$_2$:

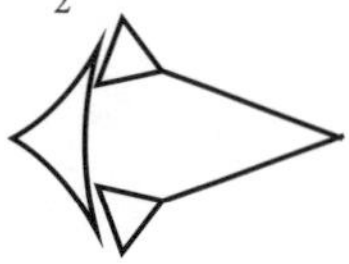

Un mot ou une lettre en exposant marque un déterminatif. Par exemple :

^{d}Inanna = dans les textes, quand le signe AN  est placé devant un nom divin, il devient un déterminatif. Il se lit « Dingir » (dieu, déesse, étoile), mais ne se prononce pas.

Eridu^{ki} = le signe KI, « lieu, place », placé après un nom sert de déterminatif pour les villes :

ERIDU.KI = la ville d'Eridu. Il y a des déterminatifs pour les oiseaux, les arbres, les métiers, etc.

Prononciation

- u se prononce « ou », ainsi Kur se prononce « kour » ;
- g est toujours dur, comme dans gâteau, Girsu se prononce « Guirsou » ;
- š se prononce « ch », ainsi Gilgameš se prononce « Guilgamèche » ;
- ğ se prononce « gn », comme dans « gnou » ;
- e se prononce toujours « é » ou « è ».

Toutes les lettres se prononcent. *Ninsun* par exemple se prononce « Ninessoune » et An se prononce « Ane ».

Reconstitution des textes

Les tablettes d'argile sont très souvent lacunaires et parfois intraduisibles. Tous les passages difficiles sont indiqués comme suit :

[ ] : un signe manquant

[…] : plusieurs signes manquants

[maî]tresse : texte manquant, mais reconstitué par le traducteur

(?) : le signe pose des difficultés de traduction ou de lecture

< > : omission du scribe qui a été corrigée

/ \ : délimite des textes partiellement abîmés.

[…] : omission dans une citation d'un auteur ou d'une traduction, ou passage que j'ai tronqué.

Note sur l'ETCSL

L'Electronic Text Corpus of Sumerian Literature est une bibliothèque virtuelle regroupant des textes sumériens et leurs traductions anglaises. Le projet a été porté par des assyriologues comme Bendt Alster et surtout Jeremy Black. Aujourd'hui le site n'est plus mis à jour, mais il est toujours disponible, que ce soit pour les chercheurs ou les curieux. Pour des raisons de simplicité et de commodité de lecture, j'ai traduit les textes anglais en français.

Site consultable sur : http://etcsl.orinst.ox.ac.uk/

PREMIÈRE PARTIE

Histoire, mythes et culte

Chapitre 1

Histoire de la Mésopotamie

Il n'est pas possible de parler d'Inanna sans parler de la religion et de la civilisation mésopotamiennes. Pour comprendre une divinité, la moindre des choses est de savoir d'où elle vient et quel peuple l'a honorée. La Mésopotamie étant bien moins connue que l'Égypte ou le monde gréco-romain, il est nécessaire de passer par l'étape chronologie et histoire, au risque de rendre le texte un peu dense et rébarbatif.

Aperçu géographique

La Mésopotamie[6] est une région située entre deux fleuves, le Tigre et l'Euphrate, et elle correspond à peu près à l'Irak actuel et au nord de la Syrie. La région est délimitée par des massifs montagneux, au nord par les monts Taurus et à l'est par les monts Zagros. Le désert syro-arabique est la frontière naturelle du sud-ouest. La partie nord de la Mésopotamie est constituée de plateaux et la partie sud, de plaines. Le Tigre et l'Euphrate se rejoignent au sud pour former un delta qui débouche sur le golfe Persique.

6. Du grec *mesos* : entre, milieu et *potamos* : fleuve. La Mésopotamie est littéralement le pays entre les deux fleuves.

Carte de la Mésopotamie

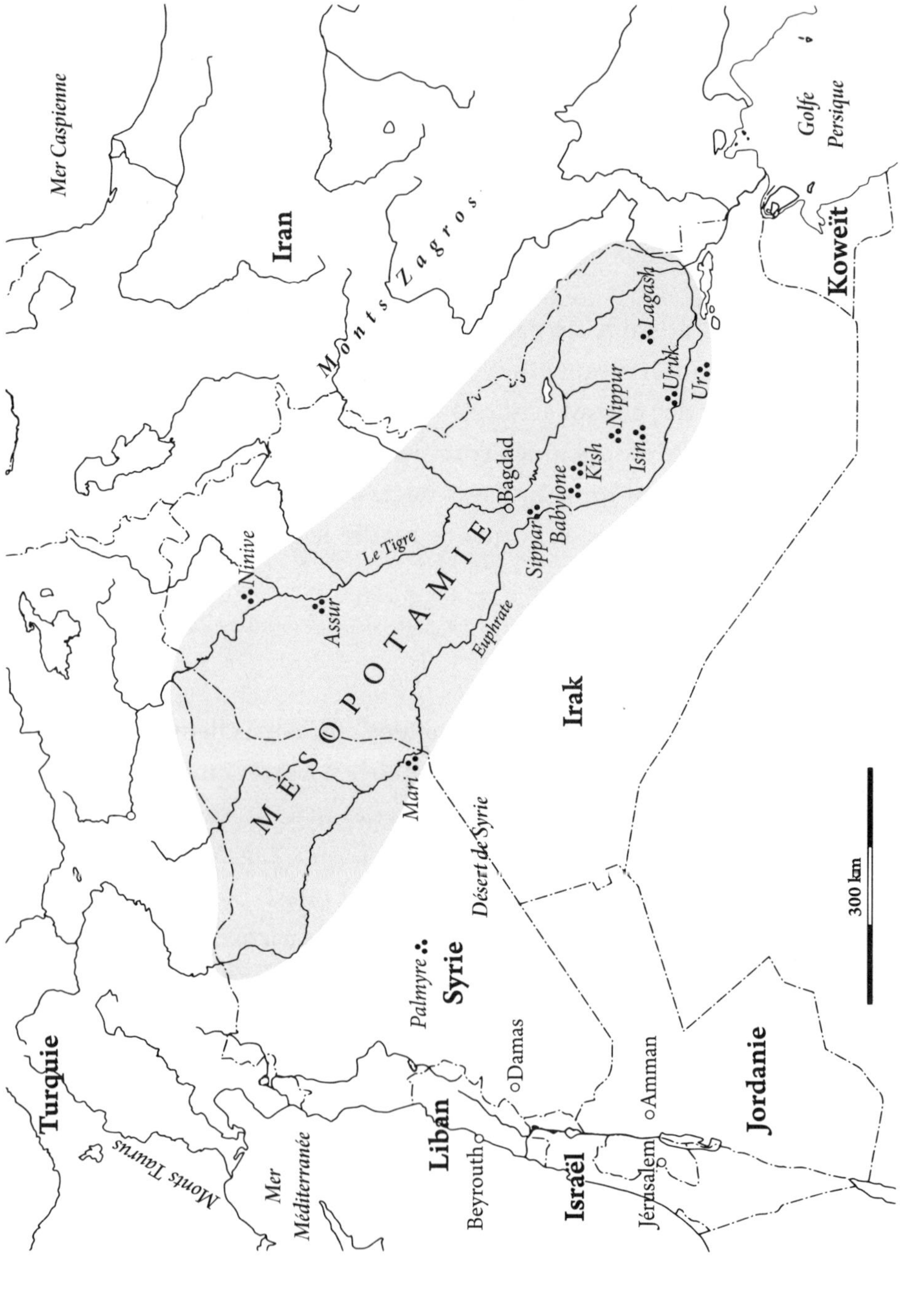

Chronologie et aperçu historique

L'archéologie a permis de dresser une chronologie de l'installation des hommes dans cette région. Les premières communautés agricoles remontent vers 6500 avant notre ère. Cette frise chronologique présente les différentes périodes à partir de la naissance de l'écriture. Les dates sont à comprendre « avant l'ère commune ». Pour une description plus détaillée de ces périodes, consultez l'annexe page 260.

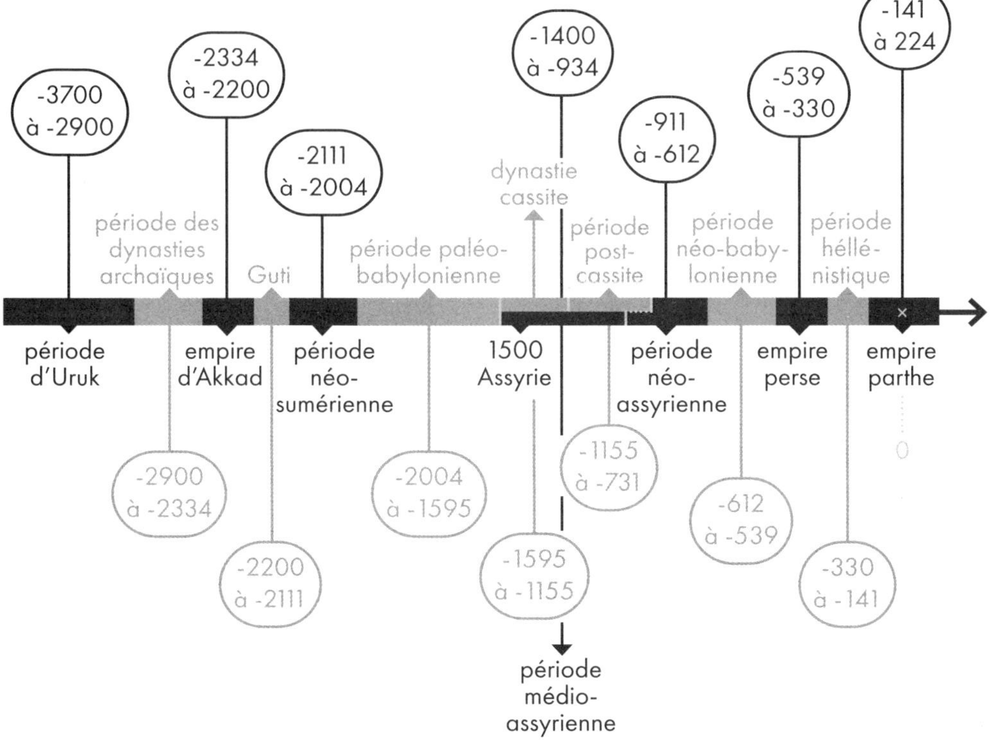

Histoire de la Mésopotamie : les dates importantes

La redécouverte de la Mésopotamie[7]

L'histoire ancienne de la Mésopotamie tombe dans l'oubli à partir du Ier siècle de notre ère, au moment où plus personne n'utilise de tablettes en argile comme support pour l'écriture. Le savoir et l'histoire de cette région disparaissent petit à petit. Il ne restera que les écrits antiques et la Bible pour rappeler la grandeur et la richesse de cette civilisation. Au cours des siècles, quelques explorateurs qui parcourront la région décriront dans leurs carnets de voyage des stèles ou des monuments qui affleurent. Quand les consuls britanniques et français s'installent dans la région durant la première moitié du XIXe siècle, notamment en Haute Mésopotamie, les monuments en brique en terre cuite ont disparu. Il ne reste des grandes capitales que des collines artificielles[8]. Les premiers archéologues sont des diplomates, comme le Français Paul-Emile Botta (1802-1870), consul à Mossoul, qui découvre en 1843 Khorsabad et passe à côté de Ninive, qui fut découverte par les Anglais. Les bas-reliefs et les statues monumentales sont envoyés au Louvre et le grand public découvre les vestiges de l'empire assyrien.

Bien évidemment, des tablettes et des inscriptions furent découvertes, et ce, même plusieurs siècles avant les ruines. L'assyriologie possède sa pierre de Rosette avec l'inscription de Behistun en Iran,

---

7. Le podcast de l'émission de *La Fabrique de l'histoire* du 14/12/16 sur France Culture, dédiée à la naissance de l'assyriologie avec Dominique Charpin et Cécile Michel, est très complet. Les principaux développements sont repris ici. Consultable sur https://www.franceculture.fr/emissions/la-fabrique-de-lhistoire/histoire-de-la-mesopotamie-34-la-naissance-de-lassyriologie

8. Contrairement à l'Égypte, il n'y avait pas de grands bâtiments visibles en Mésopotamie mais des *tell* (« monticule » en arabe), résultant de l'érosion et de dépôts de matière sur les anciens bâtiments. Ce sont les diplomates en poste dans la région qui, intrigués par ces collines, financeront sur leurs fonds propres les premières campagnes de fouilles.

une inscription monumentale située à 100 mètres de hauteur. Le texte comporte une inscription traduite en vieux perse, en élamite et en akkadien, trois langues utilisant le même système d'écriture : le cunéiforme[9]. Le Britannique Henry Rawlinson (1810-1895), grâce aux travaux du philologue allemand Georg Friedrich Grotefend (1775-1853), parviendra en 1838 à traduire l'inscription en vieux perse. Le français Jules Oppert (1825-1905) est aussi l'un des grands noms de l'assyriologie qui participa au concours de 1857 pour le déchiffrement d'un texte inédit[10].

À la fin du XIXe siècle, les méthodes de fouilles archéologiques deviennent plus rigoureuses et méthodiques. Les archéologues descendent vers la Basse Mésopotamie, ce qui mènera à la découverte des Sumériens. Petit à petit, les grandes cités du monde mésopotamien sont redécouvertes et fouillées principalement par les Anglais, les Français et les Allemands, qui se succèdent souvent sur les sites pour le compte des sociétés savantes et des musées[11].

Bien évidemment, les fouilles mettent au jour des tablettes et des bibliothèques entières, comme celle du roi Aššurbanipal à Ninive

---

9. Le cunéiforme a servi à écrire plusieurs langues différentes : le sumérien, l'akkadien, l'assyrien, le vieux perse, l'élamite, l'ougaritique, le hittite, etc.

10. La Royal Asiatic Society envoya un texte inédit à Henry Rawlinson, Jules Oppert, Edward Hincks et William Talbot, tous les quatre experts en cunéiforme. Ils devaient transcrire et traduire le texte sans communiquer les uns avec les autres. Tous les quatre donnèrent des traductions suffisamment proches pour que l'assyrien soit considéré comme décrypté. Ce concours marque véritablement la naissance de l'assyriologie en tant que science.

11. Comme le British Museum, l'Oriental Institute of Chicago, le département des antiquités irakien, la Deutsche Orient-Gesellschaft, le département des antiquités orientales du musée du Louvre, etc.

ou plus récemment celle d'Ebla[12], contenant chacune plusieurs milliers de tablettes. Grâce au vieux perse, les assyriologues ont remonté l'histoire de l'écriture, de l'assyrien à l'akkadien jusqu'au sumérien, qui fut en partie déchiffré à l'aide des lexiques suméro-akkadiens[13].

À ce jour, plus de 500 000 tablettes ont été découvertes, nous offrant une fenêtre sur la vie quotidienne des Mésopotamiens et sur l'organisation des différents royaumes. Nous y trouvons de tout : des sciences, des encyclopédies, des recettes de cuisine, des contrats, des lois, de la comptabilité (beaucoup de comptabilité), des textes royaux, des échanges épistolaires diplomatiques ou privés et, bien sûr, des textes religieux (hymnes, mythes, exorcismes, prières en tout genre).

Certains de ces textes ont bouleversé nos connaissances, comme l'*Épopée de Gilgameš* où se trouve le récit du déluge traduit en 1872 par George Smith. Cet épisode et d'autres encore que l'on retrouve dans la Bible sont des emprunts à la culture mésopotamienne. La stupeur de la communauté scientifique et de l'opinion publique occidentale fut très grande : la Bible n'était pas le plus vieux livre du monde, ses récits s'inscrivaient dans une littérature connue dans le Proche-Orient ancien bien avant sa rédaction. Les récits de la Création, de la Chute, le Déluge, et même des livres comme celui de *Job*

12. Les tablettes furent découvertes en 1975 et ce fut un coup de tonnerre dans le milieu de l'assyriologie. La Syrie du IIIe millénaire AEC. n'était pas du tout pauvre archéologiquement par rapport au reste de la Mésopotamie, comme le pensaient les historiens. Les connaissances sur l'histoire de cette région furent complètement bouleversées. Le nord de la Syrie fut intégré à la Mésopotamie qui, culturellement parlant, désigne l'Assyrie, la Babylonie, Sumer, Akkad et les royaumes syriens.

13. Le sumérien devient une langue morte à partir de la dynastie cassite, mais elle reste la langue des lettrés, à l'image du latin. Tout bon scribe se devait de connaître le sumérien. Les listes lexicales ainsi que les textes bilingues (entre autres) aidèrent les assyriologues à comprendre cette langue.

ou le *Cantique des Cantiques* plongent leurs racines dans la religion et la culture mésopotamiennes.

L'assyriologie est de nos jours une science bien établie et, malgré les conflits armés en Irak et en Syrie, des fouilles se poursuivent[14] et de nouvelles cités sont découvertes[15]. Dans les musées, les épigraphistes et les philologues continuent d'étudier et de traduire les milliers de textes laissés par nos lointains ancêtres, et des auteurs comme Jean Bottéro (1914-2007) et Samuel Noah Kramer (1897-1990) ont su rendre accessible au grand public cette civilisation plusieurs fois millénaire.

Le sumérien[16]

Le sumérien est l'une des plus anciennes langues écrites connues à ce jour dont les débuts remontent à la toute fin du IVe millénaire avant notre ère, puis, vers le début du IIe millénaire, il devint une langue morte[17]. Cependant, le sumérien resta la langue des lettrés et de la culture, à l'image du latin humaniste en Europe. Elle fut utilisée dans les domaines religieux et juridiques jusqu'à la fin du Ier millénaire avant notre ère. En résumé, le sumérien a été parlé au minimum pendant mille ans et écrit pendant près de trois mille ans.

---

14. Notamment dans le sud de l'Irak qui est plus stable politiquement et économiquement, mais malheureusement de très nombreux sites ont été pillés ou détruits en Syrie et en Irak.

15. Comme la cité de Mardama (actuellement Bassetki dans le Kurdistan irakien). Le site est fouillé depuis 2013 par une équipe de l'université de Tübingen et identifié depuis 2017 grâce à la traduction des tablettes découvertes sur place.

16. L'histoire du sumérien est divisée en plusieurs périodes : le sumérien archaïque, le sumérien classique, le néo-sumérien, le sumérien tardif et le post-sumérien.

17. D'après Lucien-Jean Bord, les opinions les plus extrêmes pour la disparition du sumérien comme langue parlée vont de 2400 à 1800 AEC. Voir Bord (L.-J.), *La Petite Grammaire du sumérien à l'usage des débutants*, Librairie orientaliste Paul Geuthner, Paris, 2014, p. 9.

Le sumérien est une langue agglutinante, c'est-à-dire qu'il y a une racine, nominale ou verbale, invariable à laquelle on ajoute des particules pré- ou postposées. C'est également un isolat linguistique, on ne peut pas le rattacher à une famille de langues. Par exemple, le français est une langue indo-européenne, l'arabe est une langue afro-asiatique, mais le sumérien n'a aucune filiation avec une langue vivante ou morte connue, ce qui complique sa compréhension, car on ne peut pas la comparer avec d'autres langues.

L'écriture est en forme de clou ou de coin d'où son nom : cunéiforme. Sous sa forme la plus ancienne, le proto-cunéiforme, l'écriture était pictographique[18], puis elle évolua en signes abstraits. Chaque signe représente un mot ou une idée (idéogrammes) et peut également avoir une valeur de syllabe (syllabogramme). À cela s'ajoute le fait qu'il y a de très nombreux homophones puisque beaucoup de mots sont monosyllabiques et qu'un même signe peut se prononcer de plusieurs manières. Le sumérien est donc une langue complexe à traduire et à comprendre étant donné qu'il peut être difficile de déterminer quelle valeur accorder à un signe.

Le cunéiforme a servi à fixer le sumérien et a aussi été adopté par d'autres peuples, à commencer par les Akkadiens. Voici, par exemple, l'évolution du signe URU du proto-cunéiforme jusqu'au signe néo assyrien[19].

18. Un dessin qui représente un objet.

19. Exemple tiré du livre de Labat (René) et de Malbran-Labat (Florence), *Manuel d'épigraphie akkadienne. Signes, syllabaire, idéogrammes*, 6e éd. rev. et corr., Librairie orientaliste Paul Geuthner, Paris, 2011, p. 57.

Sumérien archaïque	**Sumérien classique**	**Signe akkadien**	**Signe néo-assyrien**	**Valeur phoné-tique**	**Valeur idéogra-phique**
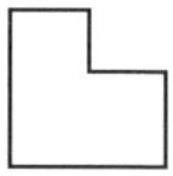	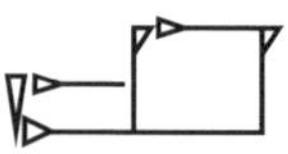	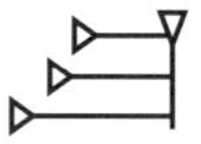	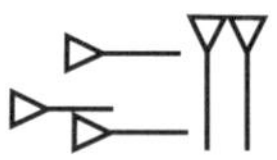	ré, rí, eri$_{4}$, iri$_{4}$ er$_{4}$ ir$_{4}$ ru$_{9}$	*Sumérien* URU = ville *Akkadien* *alu* = ville

Le sumérien est difficile à lire et à traduire au point que les spécialistes du sumérien[20] et de sa civilisation sont rares, environ une vingtaine de chercheurs dans le monde. En France, il y a moins de vingt chaires universitaires en assyriologie et le nombre de chercheurs est encore plus faible.

Les sources

En Mésopotamie, le support privilégié de l'écriture était l'argile. Il suffisait de graver à l'aide d'un calame en roseau les signes sur une tablette d'argile fraîche et de la laisser sécher ou de la cuire.

Les tablettes d'argile qui ont traversé le temps jusqu'à nous ne sont pas toutes complètes ; parfois, elles sont tellement abîmées qu'il est presque impossible de les lire et de les traduire. Restituer les lacunes est aussi un exercice difficile qui oscille entre imagination et rigueur.

20. La sumérologie est une branche distincte de l'assyriologie.

Même en connaissant parfaitement son domaine, les erreurs sont possibles[21].

Mais les tablettes ne sont pas le seul matériel disponible, il y a aussi la statuaire, l'iconographie et même l'architecture qui peuvent donner de précieuses informations et qui portent très souvent des inscriptions.

De même les assyriologues ne se contentent pas des mythes et des hymnes pour comprendre la religion. Les registres comptables des temples, les lettres royales, les noms théophores, les courriers privés sont également utiles, et l'histoire des religions permet de comparer ou d'éclairer certaines pratiques qui semblent obscures à nos yeux.

En résumé, l'assyriologie, la discipline qui étudie l'histoire de la Mésopotamie antique, est une science qui n'attire pas vraiment les foules. La sumérologie, qui est sa petite sœur, est un domaine scientifique encore plus confidentiel. Les difficultés sont donc nombreuses : difficulté de la langue, tablettes cassées ou abîmées, peu de chercheurs et une grande ouverture internationale[22].

21. Une mauvaise lecture d'un signe change le sens d'une phrase. Un exemple connu est celui d'un assyriologue qui avait traduit que la passe d'une prostituée coûtait un mouton alors qu'il était écrit un demi-sicle. Dans ce cas, c'est assez comique, mais parfois c'est plus dommageable, d'où l'intérêt de comparer les traductions et les différentes versions d'un texte. Les traductions sont toujours des propositions, car traduire c'est trahir. C'est d'autant plus difficile quand le texte est abîmé, fragmentaire ou illisible et écrit dans une langue que l'on ne peut comparer à aucune autre.

22. Il est indispensable de connaître le français, l'anglais et l'allemand pour étudier l'assyriologie à un niveau universitaire. Je ne suis ni assyriologue ni germanophone, je n'ai donc pas accès à toutes les études.

Chapitre 2

La religion, généalogie divine et ordre cosmique

Les dieux et déesses

Il y avait beaucoup de divinités en Mésopotamie. Leur place et leurs prérogatives variaient en fonction des lieux et des époques. On peut grossièrement distinguer deux manières de concevoir les dieux[23] :

- **le panthéisme :** une divinité par technique, élément, activité, etc. Par exemple, Kulla était le dieu des Briques, Ašnan la déesse du Grain, Ninkasi patronnait la bière et Ninmah était la déesse de l'Enfantement. Il y avait donc beaucoup de divinités ;
- **le système individualisé :** c'est un système hiérarchisé des dieux où chaque cité possédait sa divinité tutélaire et son panthéon, un peu comme un roi et sa cour, à la différence que ces panthéons s'inscrivaient dans une organisation plus large. À partir de la période paléo-babylonienne (entre 2004 et 1595 avant notre ère), les dieux se répartissent en deux classes : les Anunna et les Igigi.

23. Joannès (Francis) [dir.], « Uruk », in *Dictionnaire de la civilisation mésopotamienne,* coll. « Bouquins », Robert Laffont, Paris, 2001, p. 630.

Les divinités majeures

De nombreuses divinités vont être évoquées dans cet ouvrage, mais beaucoup ne sont que peu ou pas connues du grand public. Voici donc un petit lexique.

Divinités de la première génération

Ce sont les dieux présents dès l'origine du monde ou avant :

An : c'est le père des dieux, il est au sommet de la hiérarchie divine. C'est la figure de l'autorité royale et paternelle. C'est le dieu du Ciel et la divinité tutélaire d'Uruk qu'il dirige avec Inanna. D'après certains mythes, il est le créateur du monde.

Enlil : fils d'An et roi des dieux. C'est la figure de l'administrateur et du régisseur. Il a le pouvoir effectif sur la terre ferme, que les Sumériens appellent Ki. Dieu de l'Air, des Tempêtes, il est à la fois créateur et destructeur.

Enki : frère d'Enlil, parfois considéré comme le fils aîné d'An. C'est le dieu de la Sagesse, de la Magie et le créateur de l'humanité. Il règne sur l'océan d'eau douce souterrain : l'Abzu.

Ninmah : sœur d'Enlil et d'Enki. Déesse-mère sumérienne, c'est la déesse de la Grossesse et de la Naissance. Son domaine est les montagnes, qui étaient des symboles d'abondance et de vie. Selon les cités ou les textes, elle est la parèdre d'An, d'Enlil ou d'Enki. Elle a participé à la création de l'homme au côté d'Enki, le dieu de la Sagesse. C'est la mère des dieux Anunnaki.

Nammu : Nammu existait avant la création du monde et des dieux. Elle est la mère d'Enki et parfois, elle est présentée comme l'épouse d'An. Cependant, le plus souvent, c'est une déesse sans époux. Elle est l'Utérus cosmique et la gardienne des secrets des dieux et de l'univers.

Ereškigal : sœur d'Enlil et Enki. Déesse primordiale, elle est présente quand An partage le monde entre lui et ses fils. Elle reçoit le monde d'En-Bas à cette occasion. C'est la déesse de l'Immobilité et du Monde des morts.

Les dieux de la deuxième génération

Ce sont les divinités qui apparaissent une fois le monde créé par les grands dieux. Seules les divinités qui reviennent le plus souvent dans cet ouvrage sont présentées ici.

Nanna : fils d'Enlil, c'est le dieu-lune. Il est la divinité du Lait, des Bovidés et des Serments en justice. Divinité tutélaire d'Ur, c'est une divinité majeure de la justice et il est associé à la divination.

Ninurta/Ninĝirsu : fils d'Enlil, c'est un dieu agraire et guerrier. Dieu tutélaire de Lagaš. C'est lui qui laisse déborder l'eau du ciel pour déclencher le déluge ordonné par Enlil.

Bau/Gula : déesse de la Guérison et de la Fertilité. Épouse de Ninurta.

Ninazu : fils d'Ereškigal, parfois indiqué comme son époux. Ninazu est une divinité chthonienne (du monde infernal) de la végétation et de l'agriculture. Il est associé au serpent et c'est une divinité mineure de la guérison.

Les dieux de la troisième génération

Ce sont les petits-enfants ou les cadets des dieux de la première génération. Comme pour les divinités de la deuxième génération, il n'y a pas de listes (on comprend les générations divines principalement par les mythes ou les listes divines[24]).

---

24. Ce sont des tablettes bilingues suméro-akkadiennes classées selon des critères thématiques ou sémantiques. La liste *An = Anum* donne la liste des divinités sumériennes avec les noms traduits en akkadien.

Utu : fils de Nanna, le dieu-lune. Il est le dieu-soleil, divinité majeure de la justice et de la vérité, il veille sur les lois qui régissent l'univers et les hommes. Il possède également un aspect guerrier et joue un rôle important dans les pratiques divinatoires.

Inanna : sœur d'Utu et fille de Nanna, c'est la déesse de la Violence et de la Sexualité, mais aussi des Paradoxes, de la Vie et de la Lumière.

Dumuzi : fils de la déesse Duttur (déesse des Troupeaux). Il est le roi légendaire de la ville de Bad-Tibira. C'est une divinité pastorale de l'Abondance et de la Royauté qui n'existe que par sa relation avec Inanna.

Geštianna : sœur de Dumuzi, aux fonctions incertaines. Parfois considérée comme une femme sage et âgée, parfois comme une jeune femme. Elle est associée à l'oniromancie[25]. C'est aussi une divinité des Enfers, où elle est en charge des registres du royaume d'Ereškigal.

Cosmogonie et organisation du monde

Le monde selon les Sumériens est composé de trois ensembles :

- **An-Gal :** le grand ciel ou le grand haut ;
- **Ki :** la terre ferme ou le monde matériel ;
- **Ki-Gal :** le grand bas, le monde infernal.

L'univers se trouve à l'intérieur du Kur. C'est un monde invisible et inaccessible aux humains qui contient et entoure le monde visible et invisible. Dans le Kur se trouvent tout ce qui existait, tout ce qui existe et tout ce qui existera. Il est à la fois la source de la vie et celle de la mort.

25. Art divinatoire utilisant les rêves.

Le schéma ci-dessous présente de manière simplifiée l'organisation du monde pour les Sumériens et la place des principales divinités.

An, le patriarche des dieux, englobe tout : le Kur d'Enlil (Ki, Abzu et Ki-gal) et l'An-gal (le grand ciel). La terre repose sur un océan d'eau douce souterrain, l'Abzu, et c'est de lui que naissent les rivières et les fleuves. C'est le domaine aquatique d'Enki, le dieu de la Sagesse.

Autour de la terre, il y a l'océan. Tout à l'est et à l'ouest, se trouvent les montagnes qui délimitent les frontières entre le monde et le Kur.

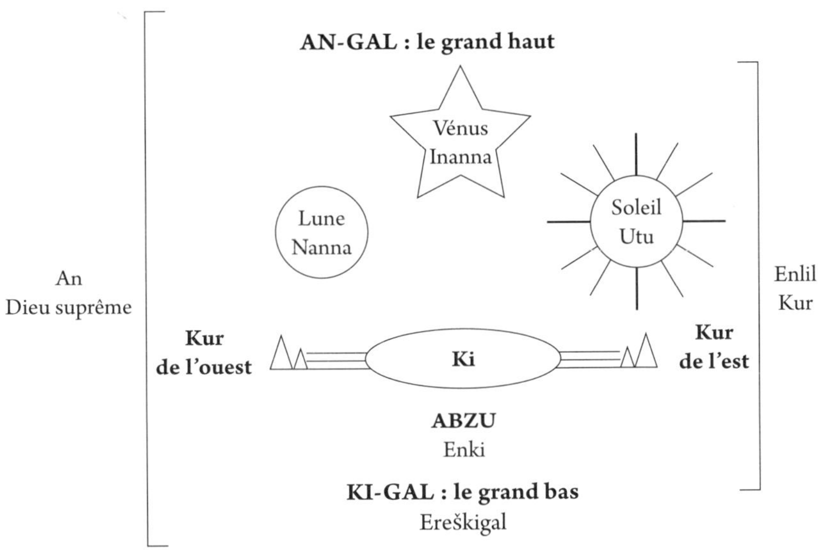

Trois divinités majeures règnent sur le ciel : Utu (soleil), Nanna (lune) ; et la plus haute et la plus brillante de toutes : Inanna (Vénus). Enlil personnifie le Kur, Enki l'Abzu, Ereškigal le grand bas, etc.

Toutes les autres divinités évoluent dans le monde matériel et se rendent au Kur pour actualiser les *me*[26] qu'ils ont reçus d'Enlil et d'Enki selon leurs fonctions dans le monde :

- Ninkasi = bière ;
- Ninmah = enfantement ;
- Mušdamma = maçonnerie (plus précisément, construction et architecture) ;
- Ninmug = travail du bois et des métaux ;
- Nisaba = écriture, comptabilité, mesure ;
- etc.

Dans les mythes, quand les divinités demandent des conseils, des autorisations d'agir, des pouvoirs, etc., elles se tournent toujours vers An, Enlil et Enki qui se partagent le pouvoir. Les déesses ne sont pas oubliées, notamment Ninmah, qui est très présente dans les mythes sumériens et qui possède des pouvoirs équivalents à ceux des trois grands dieux en tant que déesse-mère des dieux et des hommes. D'ailleurs Ninmah/Ninhursag éclipsera complètement Nammu, la déesse-mère primordiale, dans les mythes.

Il est difficile de présenter une généalogie des dieux en raison des liens de parenté qui peuvent varier selon les cités et les mythes. De plus, le lexique de la famille (père, mère, frère, soeur...) reflète également des liens de hiérarchie et de respect entre les divinités.

En ce qui concerne la création du monde, les explications varient. Il est souvent question de séparation du ciel et de la terre ainsi que du partage du monde nouvellement créé. Dans le récit babylonien

---

26. Les *me* sont des pouvoirs divins ou des prescriptions qui ordonnent le monde, même les dieux sont soumis aux *me*, mais seuls les divinités et les rois peuvent les posséder et les utiliser.

de l'*Enuma Eliš*[27], le monde est créé à partir du corps dépecé de la mère Tiamat[28], le dragon cosmique qui donna naissance aux dieux et qui n'apparaît pratiquement que dans ce mythe. Mis à part ce texte, les Mésopotamiens restent plutôt vagues sur la création du monde. Ils sont même muets sur la création des dieux. Ils étaient là avant et c'est tout. Ils viendraient d'un « saint monticule » ou une « colline primordiale » appelée *du*$_6$*-kug*, située quelque part dans le ciel. Par contre, la création de l'homme et son rôle sont largement relayés dans les textes.

Le sentiment religieux

Dans ce monde très hiérarchisé et organisé, la place de l'humanité est claire : elle a été créée pour servir et craindre les dieux. C'est ce qui explique qu'il n'y ait pas de mysticisme en Mésopotamie, il n'y a pas de quête de transcendance ou d'absolu à atteindre pour se rapprocher du divin. Cette croyance en un labeur imposé par les dieux a pour effet de mettre tous les hommes sur un pied d'égalité. Il n'y avait pas de hiérarchisation des ethnies, toute l'humanité était une humanité créée par les dieux, les différences culturelles ou naturelles n'étaient

---

27. C'est un texte de la création qui met Marduk, le fils d'Enki/Ea (Ea est son nom akkadien) à la tête du panthéon. Marduk était le dieu tutélaire de Babylone. L'*Enuma Eliš*, rédigé à la fin du XIIe siècle, raconte son ascension au pouvoir.

28. Considérer Tiamat comme une déesse est discutable, car dans l'*Enuma Eliš*, son nom s'écrit sans le déterminatif divin, le *dingir*. Dans cette épopée, Tiamat et son époux Apsû sont des créatures fabuleuses personnifiant le chaos et les eaux primordiales. D'ailleurs, Tiamat n'apparaît que dans des tablettes du festival du nouvel an (Atiku), elle n'a ni temple ni hymne à son nom. La déesse-mère Tiamat est donc une construction moderne. Cependant cela fait sens, puisqu'elle est la mère des dieux. Mais pour les Mésopotamiens, les forces du chaos et de l'eau primordiale étaient perçues comme des dragons fantastiques et puissants, sans être des dieux.

pas érigées en barrières dans la pensée mésopotamienne[29]. C'est ce qui explique qu'en Mésopotamie, il y eut plusieurs civilisations avec des peuples et des langues différentes. Cependant, une continuité culturelle de plus de quatre millénaires fait que l'on peut tout de même parler d'une civilisation mésopotamienne.

29. Bottéro (Jean), *La Plus Vieille Religion. En Mésopotamie*, coll. « Folio histoire », n° 82, Gallimard, Paris, 1997, p. 196.

CHAPITRE 3

MYTHES

Quand on pense à Inanna, la première image qui vient généralement à l'esprit est celle d'une divinité de l'amour et de la guerre, entourée d'une aura mystérieuse et sensuelle. Un vestige d'une ancienne civilisation oubliée qui perdura à travers d'autres divinités comme Aphrodite ou Hathor. Cependant, la réalité est à l'image de la déesse : complexe. Inanna est avant tout une déesse de la Sexualité et de la Violence (ce qui est différent de l'amour et de la guerre) et encore, c'est très réducteur ! Cette divinité sumérienne a été vénérée de 3400 à 2200 AEC. environ, avant que l'Akkadienne Ištar ne prenne la relève. Les mythes et les hymnes laissés par les Sumériens dépeignent une déesse fougueuse, pleine de contradictions et de paradoxes.

On pourrait diviser les mythes sur Inanna en deux groupes : le cycle d'Inanna et Dumuzi, et les mythes sur l'aspect royal et guerrier de la déesse.

Le cycle d'Inanna et Dumuzi relate les amours du couple et la fin malheureuse du roi-berger Dumuzi :

- la descente d'Inanna aux enfers ;
- le rêve de Dumuzi ;
- Dumuzi et Geštianna ;
- Inanna et Bilulu ;
- Dumuzi et Enkimdu ou le mariage d'Inanna.

Pratiquement tous ces mythes ont pour épicentre la mort de Dumuzi. Les autres mythes dépeignent la puissance, les succès militaires, mais aussi les échecs de la déesse. Dans ce premier tome, je n'aborderai que les aspects lumineux d'Inanna. Tout ce qui concerne sa chute, ses échecs et sa folie destructrice sera traité dans le second volume.

- Inanna et Enki ;
- Inanna et An ;
- Inanna et Ebih ;
- Inanna et Šukaletuda ;
- Enki et l'ordre du monde ;
- Enmerkar et le seigneur d'Aratta[30].

Ce sont tous des mythes rédigés en sumérien, mais datant de différentes périodes. On peut aussi s'appuyer sur les mythes rédigés en akkadien, comme l'*Épopée de Gilgameš* ou *Le Poème d'Agušaya* pour ne citer qu'eux. Les mythes ne sont pas les seules sources, les hymnes aux dieux ou aux temples et les lamentations apportent aussi de précieux renseignements sur la déesse. Je vais donc présenter les mythes dans leur contexte religieux pour essayer de comprendre comment les Mésopotamiens voyaient cette déesse.

30. Ce mythe n'est pas traité ici, car il est très long et Inanna n'intervient pas, même si elle est omniprésente dans le récit.

Inanna et le Kur des cèdres : sexualité, fruit et connaissance[31]

Résumé

Ce texte est issu d'un hymne dédié à Utu, le dieu soleil, la divinité majeure de la justice et frère d'Inanna. Ce passage mythologique explique comment la déesse a découvert la sexualité. La déesse veut se rendre au Kur et demande à son frère de l'accompagner.

Mon frère, les femmes… [devraient connaître l'homme (?)]
Utu, les femmes [devraient savoir faire l'amour (?)],
Moi ce qui touche aux femmes : l'homme (?), je ne connais pas,
Moi ce qui touche aux femmes, faire l'amour, je ne connais pas,
moi faire l'amour, je ne connais pas, embrasser je ne connais pas ;
ce qui se trouve dans le kur, je veux que nous en mangions
Ce qui se trouve dans la montagne, je veux que nous en mangions.
Ce qui se trouve dans le kur des essences odoriférantes, dans le kur des cèdres
[…]
Lorsque nous aurons mangé des plantes, que nous aurons mangé du cèdre,
Prends-moi par la main et ramène-moi à la maison.

Nous nous trouvons ici au temps de la jeunesse d'Inanna avant qu'elle ne devienne la maîtresse de la sexualité. La déesse est ignorante et souhaite apprendre à faire l'amour. D'après ce texte, elle découvre la sexualité en mangeant des plantes du Kur.

---

31. Tablette BM 23631, conservée au British Museum. Traduction française de Bruschweiler (Françoise), *Inanna, la déesse triomphante et vaincue dans la cosmogonie sumérienne*, *op. cit.*, p. 59.

Le Kur dans le système religieux

Le mot *kur* a plusieurs sens. En premier lieu, il désigne la montagne qui est un symbole de vie et de luxuriance qui s'oppose à la steppe désertique (eden[32] en sumérien). Il désigne aussi un lieu habité, un pays lointain, une région ou un pays ennemi.

En second lieu, le Kur est un concept religieux. Dans ce cas, le Kur est assez difficile à saisir. Yvonne Rosengarten cite Raymond Jestin qui comprend ce mot comme « une sorte de matrice pleine de virtualités que les dieux doivent actualiser[33] ».

Françoise Bruschweiler[34] dans son étude lexicographique va plus loin. Elle démontre que c'est aussi un monde invisible, source de vie et de fécondité, mais aussi de mort qui entoure et contient l'univers connu. Dans cet endroit hors du temps et de l'espace se trouve tout ce qui n'existe pas encore, tout ce qui existe et tout ce qui n'existe plus[35]. C'est un lieu d'où provient la lumière et qui contient tout ce qui ne relève pas de la réalité visible. Enlil, le grand dieu à la tête du panthéon, est la personnification de ce Kur. Cependant, même si lui et An (le patriarche des dieux) ont créé les lois qui régissent l'univers, ils ont besoin des autres divinités pour agir dans les différents plans d'existence. Inanna, comme les autres dieux et déesses, a donc un pouvoir créateur limité et défini par les deux grands dieux. Elle a le pouvoir

---

32. En sumérien, *eden* désigne la plaine, la steppe, le monde non civilisé et dangereux. Il n'a pas du tout le même sens qu'en hébreu.

33. Rosengarten (Yvonne), *Sumer et le sacré. Le jeu des prescriptions (me), des dieux et des destins*, Éditions de Boccard, Paris, 1977 p. 57.

34. Bruschweiler (Françoise), *Inanna, la déesse triomphante et vaincue dans la cosmologie sumérienne, op. cit.*, p. 97.

35. On peut tout à fait y voir une forme de chaos, dans le sens de la première de toutes les causes, là où se trouvent tous les possibles, même si pour les Sumériens cette conception du chaos n'a rien à voir avec la nôtre. Dans la pensée sumérienne, le chaos, c'est le froid, l'immobilité, le silence, tandis que l'ordre est mouvement, bruit et chaleur.

sur le Kur de l'est qui est le Kur de la lumière et de la vie. Ereškigal, la déesse du monde d'En-Bas, règne sur le Kur de l'ouest, celui des morts. Enki, le dieu de la Sagesse, peut matérialiser et transposer des éléments de civilisation du Kur dans le monde physique.

Françoise Bruschweiler explique également « qu'Inanna joue dans cette circonstance le rôle d'initiateur [...] elle transfère sur un autre plan un aspect de la création confiné jusqu'alors au monde caché et inabordable du kur[36] ».

Cette quête vers le Kur des cèdres apparaît aussi dans l'*Épopée de Gilgameš,* qui raconte les exploits de ce roi légendaire d'Uruk. Il se rend au Kur des cèdres pour tuer Humbaba, le monstrueux gardien de ce lieu où s'exprime la puissance divine qui est accessible aux humains.

La première prérogative de la déesse est donc la sexualité, et non le sentiment amoureux. Les deux aspects sont séparés et même longtemps représentés par deux déesses plus ou moins distinctes : Inanna et Nanaya.

Fruit, sexualité et connaissance

Le fruit

Dans les mythes ou les contes, le fruit est souvent la métaphore privilégiée pour désigner la sexualité, l'abondance et la fertilité. Dans cet extrait mythologique avec Inanna, l'association entre la sexualité et la plante ou le fruit est assez évidente, même si celui-ci n'est pas clairement identifié. On peut citer la figue, la pêche et d'autres plus connus comme la grenade qui, par sa couleur rouge et ses nombreuses graines, symbolise la sexualité et la fertilité. La pomme est

36. Bruschweiler (Françoise), *Inanna, la déesse triomphante et vaincue dans la cosmologie sumérienne, op. cit.*, p. 61.

sans doute le fruit le plus célèbre. Son association avec la sexualité a été popularisée avec la Vulgate, la traduction latine de la Bible réalisée vers la fin du IVe et le début du Ve siècle de notre ère.

Dans le Proche-Orient ancien, le fruit comme métaphore de la sexualité est un thème récurrent. On le retrouve chez les Sumériens, les Babyloniens, les Assyriens et aussi dans la Bible. Par exemple, il existe un proverbe akkadien qui dit :

> *40 : Est-ce qu'elle peut être enceinte sans avoir fait l'amour ?*
> *41 : Sans avoir mangé*
> *42 : Est-ce qu'elle peut être grosse*[37] *?*

« Manger le fruit » est une manière poétique pour parler de la sexualité au Proche-Orient ancien. Dans le *Cantique des Cantiques* par exemple, le fiancé est comparé à un pommier dont le fruit est doux au palais, et la fiancée à une grenade ou un figuier et ses seins à des grappes de raisin.

En Mésopotamie, les incantations ŠA.ZI.GA[38] associent la pomme et la grenade à la sexualité ainsi qu'à Inanna. Ces fruits étaient considérés comme des aphrodisiaques et utilisés pour lutter contre l'impuissance masculine, comme dans ces exemples :

> *[Incan]tation. La belle femme a fait naître l'amour,*
> *Inanna, qui aime les pommes et les grenades,*
> *A donné naissance à la puissance*[39].

37. « Can she be pregnant without having sex? Without having eaten, can she be fat? », in VEENKER (Ronald A.), « Forbidden fruit: Ancient Near Eastern Sexual Metaphors », in *Hebrew Union College Annual*, vol. 70/71, 1999, p. 57-74.
38. Ce sont des compilations d'incantations de purification, des charmes d'amour, des exorcismes qui ont pour objet la sexualité et de la puissance sexuelle masculine. Ce sont principalement des incantations pour lutter contre l'impuissance et l'absence de libido.
39. BIGGS (Robert), *ŠA.ZI.GA, Ancient Mesopotamian Potency Incantations*, Augustin, Locust Valley, 1967, p. 70.

Son rituel : sur une pomme ou une grenade
Récite sept fois l'incantation [...][40].

Le lien entre pomme et sexualité apparaît aussi dans le mythe d'Enki et Ninhursag. Dans ce mythe, le dieu de la sagesse crée un pays luxuriant à partir d'un désert avant de séduire et de faire des enfants à plusieurs déesses, dont sa propre fille. Lorsqu'il décide de séduire la déesse Uttu, il se rend chez elle déguisé en jardinier pour lui apporter des fruits et des légumes :

(Arrivé) devant sa porte, il (Enki) cria : « Ouvre, ouvre !
– Qui es-tu donc, toi ?
– Le jardinier ; je viens te livrer les concombres, les pommes et [le raisin] pour que les désirs soient satisfaits[41]. »

Les désirs à satisfaire font ici référence au désir sexuel du dieu. Le concombre a une forme phallique, les pommes représentent la vigueur sexuelle, tandis que le raisin symbolise les seins, la luxure, le plaisir des sens et l'ivresse.

Le lien entre fruit et sexualité va même plus loin. Dans l'*Épopée de Gilgameš*, le terme utilisé pour désigner la vulve de la courtisane est *kuzbu*, qui signifie avoir du plaisir, luxuriance, abondance, notamment celle des fruits dans un jardin[42]. Le chasseur qui accompagne la courtisane lui recommande de bien exposer sa vulve ou « son jardin aux fruits luxuriants » afin qu'Enkidu y goûte et se civilise. *Kuzbu* est souvent une métaphore pour désigner la vulve, tandis qu'*inbu* (« fruit » en akkadien) désigne le pénis. Par exemple, dans l'*Épopée*

40. Biggs (Robert), *ŠA.ZI.GA, Ancient Mesopotamian Potency Incantations, op.cit.*, p. 74.
41. Attinger (Pascal), « Enki et Ninhursag », in *CDLI*, consultable sur https://cdli.ucla.edu/dl/pdf/P469514.pdf
42. Veenker (Ronald A.) « Forbidden fruit: Ancient Near Eastern Sexual Metaphors », *op. cit.*, p. 57-74.

de Gilgameš, lorsqu'Ištar décide de faire du roi d'Uruk son amant, elle lui dit ceci :

> *Allons Gilgameš ! Épouse-moi ! Offre-moi ta volupté*[43] *!*

Jean Bottéro a fait le choix d'adapter le texte. En akkadien, *inbika yaši qašu qišamma* signifie littéralement « accorde-moi ton fruit », ce qui sous-entendrait « donne-moi ton pénis[44] ». La vulve serait donc le jardin, le lieu du plaisir tandis que le pénis serait le fruit qui croit sous les caresses et qui est « doux au palais », comme dans le *Cantique des Cantiques.* Les mots *kuzbu* et *inbu* sont également attestés dans des épithètes divines. Dans un contexte poétique, ils sont l'équivalent akkadien du sumérien *hili* (plaisir sexuel, séduction, désir). Nanaya, la déesse de la Volupté et de l'Amour, est ainsi appelée *belet kuzbi* qui peut se traduire par « maîtresse du jardin luxuriant » ou « maîtresse du plaisir ». Ištar pouvait porter, quant à elle, le titre de *belet inbi* « maîtresse du fruit » ou « maîtresse du désir[45] ».

Ce que contient le fruit : la connaissance

La plante ou le fruit est un objet de connaissance qui entraîne un changement profond. Dans la Genèse, Adam et Ève découvrent la sexualité grâce à un fruit. Ils passent d'une vie facile dans un jardin luxuriant à une vie difficile à cultiver une terre maudite. Inanna, de son côté, introduit la sexualité et donc la reproduction dans le monde matériel. En Grèce, nous avons l'histoire de Perséphone qui est similaire. La déesse, en mangeant les graines d'une grenade, va elle aussi découvrir la sexualité et introduire le cycle des saisons sur Terre.

---

43. Bottéro (Jean), *L'Épopée de Gilgameš, le grand homme qui ne voulait pas mourir,* coll. « L'aube des peoples », Gallimard, Paris, 1992, p. 123.
44. Veenker (Ronald A.), « Forbidden fruit: Ancient Near Eastern Sexual Metaphors », *op. cit.,* p. 57-74.
45. Idem.

Cette découverte de la sexualité s'accompagne aussi de l'expérience de la mort. Le fruit, la mort et la sexualité ne se retrouvent pas que dans ces trois mythes, on peut également penser à *Blanche-Neige*, le conte des frères Grimm, avec la pomme empoisonnée qui plonge l'héroïne dans le coma. Dans *Les Milles et Une Nuits*, le conte des trois princes amoureux raconte comment une pomme magique sauve de la mort une princesse. Ce que ces récits ont tous en commun, c'est de raconter le passage de l'enfance à la vie adulte. Voici un petit tableau comparatif des schémas narratifs entre Perséphone, Ève et Inanna :

Nom	Perséphone	Ève	Inanna
Qualité	Jeune déesse nubile	Femme primordiale	Jeune déesse nubile
Situation initiale	Évolue sous la protection maternelle.	Ignore le bien et le mal.	Ignore la sexualité.
Appel	Enlevée par Hadès, dieu des Enfers.	Tentée par le serpent du jardin.	S'engage dans une quête avec son frère.
Initiation	Mange des graines de grenade.	Mange le fruit de l'arbre défendu.	Mange le fruit des arbres du Kur.
Transformation	Devient reine.	Ses yeux s'ouvrent.	S'approprie une connaissance divine du Kur.

Impact sur le monde	Introduction des saisons.	Introduction du péché et du travail[46].	Introduction de la sexualité.
Contre-partie	Passe la moitié de l'année dans le royaume des morts.	Condamnée à être soumise à l'homme et à retourner à la poussière.	Tous ses amants périront[47].

Les mythes peuvent être divisés en sept parties : une description de l'héroïne, le début de l'histoire, l'élément perturbateur qui chamboule le monde de l'héroïne (Appel), le rite initiatique, ce que ce rite apporte à l'héroïne et au monde, et enfin le prix à payer, car pour obtenir une nouvelle connaissance, il faut souvent en abandonner une ancienne.

On peut comprendre ces trois mythes ainsi : la connaissance transforme un individu, de sa manière d'être à sa conception du monde. La première des connaissances est la sexualité et la dernière est la mort. Les deux sont profondément transformatrices. Si on ne fait pas l'expérience de ces deux pôles, la connaissance est incomplète, car sexualité et mort sont indissociables pour comprendre la vie. Ce sont deux rites de passage qui nous initient à notre propre nature.

46. « Travailler à la sueur de son front » vient de Gn : 3, 19, lorsque YHWH maudit la terre. Adam et Ève avaient tout à disposition dans le jardin. Après la chute, la terre est maudite et le travail est à la fois une bénédiction et une malédiction. Voir Collange (Jean-François), « À la sueur de ton front : le travail et la peine selon Genèse, 3, 17-19 », in *Autres Temps. Les cahiers du christianisme social*, vol. 40, 1993, p. 20-26.
47. Contrairement à la Bible, il n'y a pas de contrepartie négative pour l'humanité suite à l'introduction de la sexualité dans ce récit mésopotamien. Il n'y a pas non plus de malédiction formulée dans l'hymne. Par contre, être l'amant d'Inanna conduit inévitablement à la mort.

Mais quelle est donc cette connaissance ?

Il ne s'agit pas d'un savoir encyclopédique ou d'un pouvoir surnaturel, mais d'une forme de compréhension, d'entendement ou de conscience de soi et du monde. Le texte biblique utilise ידע *(iadar)*, « connaissance » au sens de faire « l'expérience de » et qui signifie également « connaître sexuellement ». Il est possible que ce soit aussi le sens que donnaient les Mésopotamiens et que l'on retrouve en français avec le verbe déniaiser pour parler de la perte de la virginité chez un homme. C'est cette approche que l'on retrouve dans l'*Épopée de Gilgameš,* rédigée sans doute au IIe millénaire avant notre ère[48], mais à ce jour les tablettes les plus complètes que nous ayons remontent au VIIe siècle avant notre ère.

Dans la première tablette de l'épopée, Enkidu est un homme vivant avec les bêtes sauvages et qui perturbe la vie des chasseurs. Gilgameš, le roi d'Uruk, envoie une « prostituée sacrée[49] » du temple d'Ištar, une *šamhat* pour le civiliser. Enkidu et Lajoyeuse[50] passent six jours et sept nuits dans les bras l'un de l'autre. Enkidu veut revenir vers son troupeau, mais dès qu'il approche, les gazelles s'enfuient. Comble du malheur, il est affaibli, vidé de ses forces, mais il est devenu intelligent. Enkidu est l'homme sauvage qui va être civilisé grâce à la sexualité. Il y perdra tout : de sa force à sa famille, mais il gagnera en intelligence (c'est-à-dire en sagesse ou entendement). La femme n'a

48. Des textes mythologiques en sumérien sur Gilgameš existent, mais l'épopée est très lacunaire. Les douze tablettes de Ninive sont les plus complètes à notre disposition. On connaît même le nom de l'auteur qui a standardisé l'épopée vers 1200 AEC : Sin-Leqi-Unninni, un prêtre exorciste. Son nom est connu grâce à l'incipit du texte. Sa compilation est devenue « l'édition standard » de l'*Épopée de Gilgameš,* reconnaissable par les premiers mots : « Celui qui voit l'Abysse », alors que les versions plus anciennes commencent par « Surpassant tous les autres rois ».

49. La prostitution sacrée en Mésopotamie est un concept très discutable, j'y reviendrai dans un autre chapitre.

50. C'est son nom, et ce terme désigne aussi une catégorie de « prostituées ».

pas fait que coucher avec lui, elle l'a instruit. Il y a bien un processus transformateur : la femme l'initie à la sexualité, à la civilisation et à sa propre humanité.

Pour aller plus loin, on peut mettre en parallèle l'*Épopée de Gilgameš* et le passage mythologique de l'initiation sexuelle d'Inanna.

Hymne à Utu	***Épopée de Gilgameš***
Lorsque nous aurons mangé des plantes, que nous aurons mangé du cèdre, *Prends-moi par la main et ramène-moi à la maison.* *Ramène-moi chez ma mère, chez ma mère Ningal*[51].	*(Puis,) l'ayant pris [par la main, elle le conduisit]* *Comme un enfant (?)*[52] *[Et l'emmena]* *À une hutte de bergers.*

Le dieu et la courtisane jouent tous les deux le rôle d'une *lama,* une divinité médiatrice et protectrice. La *lama* est généralement une déesse, elle tient la main d'un dévot qu'elle présente à une divinité majeure.

Inanna a été initiée à la sexualité par sa forme pure et parfaite qui existe au Kur. En goûtant au fruit, elle l'a introduit dans le monde. Elle est accompagnée par Utu, le dieu soleil, la divinité majeure de la justice. Son rôle est de s'assurer que tous respectent l'ordre établi et de s'assurer du bon fonctionnement des lois qui régissent le monde. Une fois son initiation passée, c'est lui qui la reconduit chez sa mère.

51. Bruschweiler (Françoise), *Inanna, la déesse triomphante et vaincue dans la cosmologie sumérienne, op. cit.*, p. 59.
52. Bottéro (Jean), *L'Épopée de Gilgameš, le grand homme qui ne voulait pas mourir, op. cit.*, p. 83. Le texte dit : « Comme les dieux mènent les hommes. » D'après J. Bottéro, la prostituée figurerait une divinité protectrice qui présente un individu à une divinité majeure.

Il rend légitime et valide l'attribution de la sexualité à sa sœur. On retrouve le même rite dans l'*Épopée de Gilgameš*. Le nouvel initié est pris par la main et retourne chez lui sous la protection de la représentante de la déesse. La femme est celle qui initie à l'entendement selon le rite établi par Inanna et approuvé par Utu, le dieu de la Justice.

Il serait tentant de rattacher ces mythes au rite du mariage sacré, mais ils sont très différents. La connaissance transmise n'est pas du tout la même et ne concerne que la royauté même si la métaphore du fruit reste présente dans les rites.

Inanna et An : inversions et paradoxes[53]

Résumé du mythe

Ce mythe raconte comment Inanna est devenue la maîtresse du ciel en l'enlevant à An, le patriarche des dieux. Elle informe son frère Utu, le dieu de la Justice, de son projet. Le dieu promet de l'écouter et de la soutenir. La déesse se plaint de son domaine, car elle et son époux possèdent le ciel et la terre, mais An, le patriarche divin, refuse de leur donner l'É-anna, le temple de la ville d'Uruk. Elle demande à son frère de surveiller le vent du sud, qui est son adversaire. La suite du texte est extrêmement lacunaire. Inanna rencontre le pêcheur Adagbir qui lui explique comment capturer « l'É-anna qui vient du ciel ». La déesse observe Šulazida, le berger d'An qui amarre l'É-anna. Inanna se purifie et coupe la queue d'un scorpion et il semblerait que, grâce à cela, la déesse puisse capturer le domaine du patriarche. An est choqué par l'arrogance de la jeune déesse qui a réussi à s'emparer de son domaine. Il reconnaît sa puissance et ordonne que tous se prosternent devant celle qui a fait de l'É-anna la place de la Dame.

53. « Inana and An », in *ETCSL*, t. 1.3.5, consultable sur https://etcsl.orinst.ox.ac.uk/cgi-bin/etcsl.cgi?text=t.1.3.5#

Malgré l'état du texte, on comprend qu'il parle d'astronomie. En effet, An concède qu'Inanna a transformé le jour en nuit, et le maître du ciel et patriarche des dieux est obligé de reconnaître la supériorité de la déesse. Il décrète même un destin en établissant la répartition des saisons[54] :

> *À partir de maintenant, la longueur normale de la lumière du jour devient plus courte et la lumière du jour se transforme en nuit. À partir d'aujourd'hui, quand la journée est de trois unités, le jour est égal à la nuit[55].*

L'inversion : le super pouvoir d'Inanna

Transformer une chose en son opposé est le superpouvoir d'Inanna et peut-être même son domaine de compétence principal. Elle est la déesse de la Sexualité et de la Guerre, qui sont habituellement perçues comme antinomiques, mais cette dualité s'applique à tous les domaines :

> *La sainte Inanna a été dotée par Enlil et Ninlil (le roi et la reine des dieux) de la capacité de [...] transformer la lumière en ténèbres et les ténèbres en lumière.*
> *Inanna a été chargée par Enlil et Ninlil de réjouir le cœur de ceux qui la vénèrent dans leurs résidences établies, mais de ne pas apaiser l'humeur de ceux qui ne la vénèrent pas dans leurs maisons bien construites ; de transformer les hommes en femmes et les femmes en hommes, de changer l'un en l'autre, de faire que les jeunes filles s'habillent en hommes du côté droit[56], de faire que les jeunes hommes s'habillent en femmes du côté gauche, de*

---

54. Brown (David) et Zólyomi (Gábor), « Daylight Converts to Night-Time: An Astrological-Astronomical Reference in Sumerian Literary Context », in *Iraq*, n° 63, 2001, p. 149-154.

55. « Inana and An », *op. cit.*

56. La gauche est associée au féminin et la droite au masculin.

> *mettre des fuseaux dans les mains des hommes et [...] des armes dans les mains des femmes. De voir que les femmes s'amusent en utilisant le langage des enfants et de voir que les enfants se divertissent en utilisant le langage des femmes*[57].
> *Inanna, tu détruis ce qui ne devrait pas être détruit. Tu crées ce qui ne devrait pas être créé*[58].

La déesse se vante souvent de ce type de prouesses dans les mythes et les hymnes. Dans son clergé, on trouvait des homosexuels des deux genres, des personnes intersexes et très certainement des personnes trans.

Elle transforme aussi le désert en plaine fertile, les hommes en animaux (notamment un berger en loup et un jardinier en crapaud), les jardiniers en rois, les montagnes en plaines mais aussi, grâce à la sexualité, les hommes ignorants et sauvages en hommes éveillés et civilisés. Pour résumer, Inanna transforme une chose en son opposé.

Mais elle ne s'arrête pas aux inversions, ce qui la caractérise, ce sont aussi les paradoxes : elle est la vierge et la putain, la douce innocente et la guerrière sanguinaire, la jeune fille des rues et le jeune homme noble. Elle est celle qui défend l'ordre et celle qui passe son temps à le transgresser.

Chaque chercheur y est allé de son interprétation sociale ou psychologique pour expliquer les paradoxes et les inversions d'Inanna. Johanna H. Stuckey rapporte la position de Tikva Frymer-Kensky[59] qui peut se résumer ainsi : Inanna est paradoxale, car elle est la déesse

---

57. « A Hymn to Inana for Išme-Dagan », in *ETCSL*, t. 2.5.4.11, v. 7,14 et 19 à 26, consultable sur http://etcsl.orinst.ox.ac.uk/cgi-bin/etcsl.cgi?text=t.2.5.4.11#
58.« Enki and the world order », in *ETCSL*, t. 1.1.3, v. 446, consultable sur http://etcsl.orinst.ox.ac.uk/cgi-bin/etcsl.cgi?text=t.1.1.3#
59. Stuckey (Johanna H.), « Inanna: Goddess of "infinite variety" », in *Matrifocus Gross-quaterly for the Godess Woman*, Samahain, 2014, vol. 4-1. Consultable sur https://www.academia.edu/23458433/Inanna_Goddess_of_Infinite_Variety

personnifiant la femme non domestiquée, celle qui fait peur et attire en même temps. C'est une position féministe et un point de vue intéressant. Malheureusement, la position de Tikva Frymer-Kensky est biaisée, car elle ne tient absolument pas compte de la violence de la déesse, qui est omniprésente dans les mythes, ni de la place des femmes dans la société mésopotamienne. Inanna est fille, sœur, fiancée, épouse, veuve, vierge, libertine et prostituée, tous ces statuts ne sont pas en dehors du patriarcat et ils ne sont pas tous source de peur. Pour la femme mésopotamienne, se marier et devenir mère était un idéal d'accomplissement. La mère et l'épouse sont des femmes « matures et responsables[60] », les autres sont le contraire dans la pensée mésopotamienne, ce qui est une vision patriarcale de la place de la femme. Inanna est mère et épouse même si ces rôles sont peu présents dans les mythes. Elle était davantage vue comme immature, irresponsable[61] en plus d'être violente. On ne peut pas l'enfermer dans une vision sociale de la sexualité ni en faire une interprétation féministe en gommant sa violence qui est une partie fondamentale de ses attributions. Inanna est la force qui pousse l'humanité à s'accoupler quelle que soit sa condition sociale ou son orientation sexuelle, c'est vrai, mais elle est aussi celle qui harcèle sexuellement et qui se montre agressive et dangereuse si un dieu ou un homme refuse de coucher avec elle[62].

Rivkah Harris[63] a dressé un état des lieux des diverses positions sur les paradoxes d'Inanna. Si son avis est très pertinent sur le fait

---

60. Jacobsen (Thorkild), *The Treasures of Darkness: A History of Mesopotamian Religion*, Yale University Press, New Heaven et Londres, 1976, p. 141.
61. Les grands dieux An, Enki et Enlil l'appellent de temps en temps « l'enfant » dans les mythes.
62. La violence et la soif de domination d'Inanna seront traitées dans le second tome.
63. Harris (Rivkah), « Inanna-Ishtar as paradox and a coincidence of opposites », in *History of Religions*, vol. 30, nº 3, 1991, p. 261-218.

qu'Inanna personnifie les polarités et les contraires pour les transcender, il manque, selon moi, un élément important pour nous aider à comprendre pourquoi cette déesse mélange et confond les normes tout en les protégeant.

Chaos et cosmos

Une divinité s'inscrit dans un panthéon et chaque peuple a sa conception du monde. Pour les Mésopotamiens, la lumière, la pureté, les *me* (pouvoirs ou décrets qui ordonnent le monde) et la splendeur divine sont le socle de leur pensée religieuse. D'après Elena Cassin[64], il existait deux oppositions fondamentales dans les croyances religieuses mésopotamiennes : le chaos et le cosmos.

Chaos	**Cosmos**
Monde primordial	Monde organisé
Désert	Villes, champs
Stérilité	Fertilité
Défaite	Victoire
Immobilité	Mouvement, transformation
Silence	Bruit
Obscurité	Lumière

Les forces du chaos apparaissent dans le texte de l'*Enuma Eliš,* le poème babylonien de la création. Le couple primordial, Tiamat, le serpent personnifiant le chaos, et Apsu, son époux, ne peut plus dormir à cause du bruit généré par leurs enfants : la première généra-

64. Voir Cassin (Elena), « Lumière et chaos : la souveraineté divine », in *La Splendeur divine. Introduction à l'étude de la mentalité mésopotamienne*, coll. « Civilisations et Sociétés », 8, Mouton & Co/École pratique des hautes études, Paris et La Haye, 1968, p. 27-51 et tableau p. 52.

tion divine[65]. Les deux entités sont des êtres puissants, mais inertes qui s'opposent à l'exubérance bruyante des plus jeunes. Ea[66] finira par tuer Apsu pour éviter qu'il ne tue les jeunes dieux. Marduk, fils d'Ea et champion des dieux, livra ensuite une terrible bataille contre Tiamat qui voulait venger son époux. Une fois la mère primordiale défaite, il créera le monde à partir de son corps.

Le monde avant la naissance des dieux créateurs est figé et silencieux, c'est le chaos. Le monde organisé, bruyant et vivant, c'est le cosmos. Elena Cassin[67] note que cette différence se retrouve dans les termes *ḫubûru* (bruit de la vie et du mouvement, le terme sumérien *za-pa-aĝ*$_2$ désigne la vie par son bruit : voix, souffle, son) et *šaqummatu* (ce qui est silencieux, immobile, inerte) traduction du terme sumérien *i-ši-u*$_5$.

Inanna est la déesse du Kur de l'est, celui de la vie. Elle est la déesse de la fertilité sous toutes ses formes, la championne des dieux. Inanna est une déesse bruyante, lumineuse ainsi que la maîtresse de la transformation et du mouvement. Elle est la personnification du cosmos comme l'imaginaient les Mésopotamiens. Si elle est paradoxale et qu'elle joue avec les opposés, c'est parce que vie/ordre/cosmos est mouvement et transformation. Le changement fait peur et il bouscule ce que l'on croyait acquis ou immuable. Inanna n'est donc pas une déesse bipolaire et elle ne représente pas les « notions irrationnelles de la société sumérienne[68] ». Au contraire, elle représente tous les aspects de la vie et les changements, d'un extrême à l'autre,

65. Cette première génération divine est composée d'Anu, Ea, Enlil, Anšar, Kišar, Damkina, Lahmu et Lahamu.

66. C'est le nom akkadien d'Enki, le dieu de la Sagesse.

67. Cassin (Elena), *La Splendeur divine. Introduction à l'étude de la mentalité mésopotamienne*, *op. cit.*, p. 36-37.

68. Bendt (Alster), « An Aspect of Enmerkar and the Lord of Aratta », in *Revue d'assyriologie*, vol. 67, 1973, p. 101-109.

propres au monde organisé : l'épouse et la prostituée, l'amante et la vierge, la violence et la sexualité, la stabilité et la transformation, etc. C'est pour cela qu'elle inspirait crainte et respect aux anciens Sumériens, car un homme qui se transforme en femme ou un homme qui se transforme en animal sont des éclatantes démonstrations de son pouvoir de transformation, tout comme sa capacité à détruire ou à insuffler la vie.

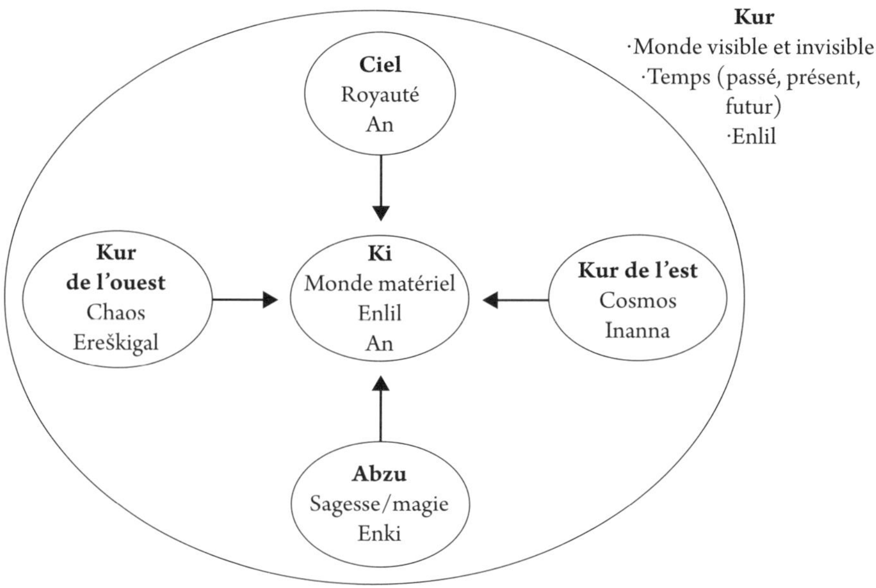

Ce schéma présente les divinités associées à leur domaine du Kur. Sur la terre (Ki) se manifeste l'intégralité du Kur personnifié par Enlil : le cosmos, le chaos, la sagesse et la royauté. C'est une description du fonctionnement du monde sans être une représentation de la cosmologie sumérienne. En effet, si Enlil personnifie le Kur et possède le monde physique, An, son père, est au-dessus de lui, en tant que père de tous les dieux.

Enki et l'ordre du monde : le jeu de l'ordre et du désordre

RÉSUMÉ DU MYTHE

À ce jour, nous avons une trentaine de tablettes de ce mythe de 450 lignes. Le poème raconte comment Enki, le dieu de la Sagesse, a organisé le monde autour de Sumer. Le dieu a apporté l'abondance et la prospérité en assignant à chaque divinité un domaine de compétence. Inanna arrive en pleurs auprès d'Enki, car elle n'a aucune fonction et se sent délaissée.

Alors, celle qui n'avait point reçu d'office,
La [sainte (?)] Inanna, la jeune femme,
Qui n'avait point reçu d'office,
S'en vint trouver son père Enki,
Et se mit à récriminer (?) en larmes, à grand tapage :
«De tous les Anunna, les grands dieux,
Enlil t'a laissé libre d'arrêter le destin !
Mais moi ; la Femme, pourquoi m'avoir seule (?) traitée autrement,
Moi, la sainte Inanna, quelles seront mes fonctions[69] *? »*

Inanna énumère la liste des divinités et leurs prérogatives et continue de se plaindre. Mais Enki lui répond.

Enki a répondu à sa fille, sainte Inanna : « En quoi t'ai-je déprécié ?
Déesse, en quoi t'ai-je déprécié ?
Comment puis-je te mettre en valeur ?
[...]
« Je t'ai fait parler comme une femme à la voix agréable,
je t'ai fait partir [...]

69. Bottéro (Jean) et Kramer (Samuel Noah), *Lorsque les dieux faisaient l'homme. Mythologie mésopotamienne*, coll. « Bibliothèque des Histoires », Gallimard, Paris, 1989, p. 178 et suiv.

j'ai couvert [...] avec un vêtement,
je t'ai fait échanger son côté droit et son côté gauche,
je t'ai revêtu de vêtements de femmes,
j'ai mis le discours des femmes dans ta bouche.
J'ai mis entre tes mains le fuseau et l'épingle à cheveux,
je t'ai [...] parure de femme,
je t'ai donné la baguette et le bâton et le bâton du berger avec[70].
[...]
« En plein combat c'est toi
– Sans être pour autant l'oiseau porte-malheur ! –
C'est toi qui prépares et annonces
Batailles et guerres !
Qui prononces les mots irréparables !
C'est toi qui plies ce qui est droit,
Et rectifies ce qui est tors !
Qui revêts et t'habilles de lin,
Toi qui ourdis la laine, qui files au fuseau,
Toi qui entremêles les fils polychromes !
Tu entasses comme poussière les têtes décollées,
Tu les éparpilles comme semences !
Tu balaies de dessus terre
Ce qui ne devrait pas être balayé, Inanna !
Tu ôtes, du tambour (?) des lamentations,
Le tissu qui le recouvre,
Et tu remets en leur étui, ô jeune femme Inanna,
Et le tigi[71] *et l'adab entraînants,*
Sans te lasser jamais des regards de tes admirateurs !
« Ô jeune femme Inanna, tu ne sais donc pas
Lier les cordes pour les puits profonds[72] *? »*

---

70. « Enki and the world order », *op.cit.*, v. 224-236.
71. Le tigi et l'adab sont des instruments de musique rituels, ils sont utilisés lors des fêtes.
72. Bottéro (Jean) et Kramer (Samuel Noah), *Lorsque les dieux faisaient l'homme. Mythologie mésopotamienne, op. cit.*, p. 180.

Les dernières lignes qui parlent des prérogatives d'Inanna sont manquantes, on sait qu'il est question d'une coiffe en lapis-lazuli, mais c'est malheureusement tout.

Ordre et désordre : Enki et Inanna

Dans le chapitre précédent, nous avons vu la conception du cosmos et de la fonction du Kur, cet univers inaccessible qui entoure et contient l'univers visible. Le cosmos est à l'image d'Inanna : fertilité, bruit, transformation, lumière. Dans la pensée sumérienne, ce souffle ou cette puissance vient de l'est, là où le soleil se lève. C'est une partie du Kur, qui dans son intégralité, est personnifié par Enlil, le roi des dieux et fils d'An.

Enlil ne peut agir seul, il est contraint de faire appel aux dieux pour manifester dans le monde physique les connaissances du Kur. C'est ce que fait Enki dans ce mythe. Enlil lui a accordé l'organisation de la terre et les *me* (pouvoirs ou prescriptions divines) qui lui permettent d'accomplir sa mission. Ki (la terre, le monde matériel) sera semblable au Kur (l'univers invisible qui entoure et contient Ki), c'est-à-dire parfait et organisé. Enki, obéissant aux ordres d'Enlil et après s'être autocongratulé d'être le plus parfait des dieux, affecte chaque technique à une divinité et le monde s'organise. Un âge de paix a été décrété dans le pays par Enlil et mis en place par Enki. Seulement il reste Inanna, elle préfigure les jeunes dieux de l'*Enuma Eliš*[73]. Elle est un élément perturbateur et bruyant qui met à mal un ordre établi. La différence, c'est qu'Inanna a toute sa place dans l'organisation de la terre, elle est seulement priée de mettre un frein à sa violence. Dans le monde voulu par Enki et Enlil, il n'y a pas besoin d'une omniprésence de la violence, mais le changement, l'évolution et la transformation

73. Pour rappel, il s'agit de l'épopée babylonienne de la création, elle est centrée sur la prépondérance de Marduk, le dieu de Babylone.

sont indispensables. Selon moi, il est possible que ce soit pour cette raison qu'Enki ne lui offre pas un nouveau domaine. Il tente d'instaurer juste ce qu'il faut de désordre dans sa conception de l'ordre.

La « très sainte Inanna »

Ce texte nous apprend qu'Inanna n'a pas toujours été la déesse du Ciel. En effet, dans ce mythe, la très sainte prêtresse sacrée d'An et donc des dieux était Ninisinna[74]. Nous l'apprenons de la bouche même d'Inanna.

Texte sumérien[75]	**Traduction de l'ETCSL[76]**	**Traduction de Jean Bottéro[77]**
nin_9 e-ĝu_{10} kug ^{d}nin-$isin_2^{si}$-na-ke_4	My illustrious sister, holy Ninisina,	Ma noble sœur, la sainte Ninisinna,
unu_2 šuba-a šu $\underline{h}e_2$-em-ma-an-ti ***nu-gig an-na*** *$\underline{h}e_2$-em*	is to get the jewellery of šuba stones. She is to be **the mistress of heaven**.	A reçu l'insigne de pierre-šuba. Et elle est ainsi devenue le hiérodule **d'An**[78].

Le terme employé en sumérien *nu-u_8-gig* désigne une fonction sacerdotale féminine et aussi une épithète divine, il se traduit en ak-

74. Ninisinna ou Ninisina est une déesse de la Guérison de la ville d'Isin. Elle sera assimilée à Inanna vers le début de la période paléo-babylonienne.
75. « Enki and the world order », in *ETCSL*, t. 1.1.3, v. 403-405, consultable sur https://etcsl.orinst.ox.ac.uk/cgi-bin/etcsl.cgi?text=c.1.1.3&display=Crit&charenc=&lineid=c113.403#c113.403
76. Idem.
77. Bottéro (Jean) et Kramer (Samuel Noah), *Lorsque les dieux faisaient l'homme. Mythologie mésopotamienne, op. cit.*, p. 179.
78. La différence de traduction réside dans le fait que Jean Bottéro lit *^{d}An* alors que la traduction de l'ETCSL y voit un nom commun.

kadien par *qadištu,* c'est-à-dire « très sainte » ou « consacrée ». La *nu-u*$_8$*-gig* est souvent traduite par prostituée ou hiérodule, mais cette traduction est réfutée depuis plus de trente ans. Bien qu'il y ait plus tard une assimilation entre les deux déesses, ce mythe atteste que le rôle d'Inanna a été un moment plus restreint que ce que l'on peut croire.

Le jeu : l'autre aspect d'Inanna

Ce mythe dépeint la jeune déesse comme une adolescente capricieuse et joueuse. Quand Enki, le dieu de la Sagesse, énumère les attributions d'Inanna, il parle de son caractère juvénile et féminin : elle file le lin, chante, danse, elle est coquette[79]. Mais il y a un autre aspect qui apparaît dans ce mythe : le jeu.

> *L'amant de la sainte Inanna,*
> *Dame et reine de tous les grands pouvoirs,*
> *Celle qui pousse à l'amour parmi les rues de Kul'aba*[80] (Nom d'un faubourg d'Uruk).

Inanna est celle qui incite aux « jeux ou plaisirs qui durent longtemps » ou « jeux ou plaisirs profonds », qui est la traduction littérale d'*e-ne su*$_3$*-ud,* c'est-à-dire l'amour physique. La guerre est aussi un jeu pour Inanna. Rivkah Harris en parle très bien dans son article sur les paradoxes d'Inanna :

> *Le jeu* (melulu) *fait partie intégrante de la personnalité d'Inanna-Ishtar. Elle est la "joueuse"* (mummiltu) *par excellence. Le champ sémantique du mot akkadien pour "jouer" comprend la danse et le théâtre et, ce qui n'est pas surprenant quand on pense à la déesse, implique l'arène de la guerre, car son terrain*

---

79. Ces activités étaient considérées comme féminines et les instruments de musiques rituels sont un rappel des prêtres travestis de son culte.
80. « Enki and the world order », *op. cit.,* v. 356.

> *de jeu était le champ de bataille : « Déesse des combats, que la bataille se déroule comme un jeu de marionnettes. » « Ne te retourne pas dans la bataille (littéralement, dans le jeu d'Ishtar). » « Ishtar dont le jeu est le combat. »*[81]

Le jeu est le côté insouciant d'Inanna. Pour les Mésopotamiens, elle n'est pas dans la responsabilité et la maturité, mais uniquement dans le plaisir et l'amusement. Inanna n'est pas patiente, elle se met très vite en colère quand quelqu'un (dieu ou homme) ne respecte pas ses règles. La sexualité, le combat ou encore changer le genre d'un individu sont des jeux à ses yeux. Tous lui apportent joie et plaisir. Comme souvent dans les jeux, ils se déroulent dans un temps et un lieu définis, avec des règles librement consenties et un engagement tout aussi librement consenti et volontaire[82]. Cependant, il faut nuancer, cette règle du consentement ne s'applique qu'à elle, car elle ne supporte pas un « non », elle est incapable de l'entendre, de le comprendre et de le respecter.

Les approches féministes du culte d'Inanna s'arrêtent toujours au fait qu'elle fait peur parce qu'elle est indépendante, indomptable et rebelle au patriarcat. Il y a du vrai dans ces affirmations, mais si elle fait peur, c'est aussi parce qu'elle possède ces caractères dominateurs et violents qui étaient considérés comme des qualités requises pour un chef ou un roi.

---

81. « *Play* (melulu) *is an integral part of Inanna-Ishtar's personality. She is the "player"* (mummiltu) *par excellence. The semantic range of the Akkadian word for play includes dancing and acting and, not surprisingly when we think of the goddess, involves the arena of war, for her playground was the battleground: "Goddess of fights, let the battle proceed like a play of puppets." "Do not turn away in battle (literally, in the play of Ishtar)." "Ishtar whose play is fighting."* », in HARRIS (Rivkah), « Inanna-Ishtar as paradox and a coincidence of opposites », *op. cit.*, p. 261-218.

82. CAILLOIS (Roger), *Les Jeux et les Hommes. Le masque et le vertige*, Gallimard, Paris, 1958, p. 14 et 17.

Inanna et Ebih : terreur et splendeur divine

Résumé du mythe

Ce poème a été rédigé par la fille de Sargon d'Akkad, Enheduanna, grande prêtresse du dieu-lune Nanna à Ur, qui vécut vers le XXIIIe siècle avant notre ère. Il raconte la bataille qu'Inanna livra contre la montagne Ebih.

> *Innin aux Pouvoirs redoutables, toi qui répands la terreur*
> *En chevauchant ces grands Pouvoirs !*
> *Inanna qui brandit, par son manche sacré l'ankara* (arme indéterminée)
> *Dont le sang t'éclabousse !*
> *Toi qui t'emportes en d'énormes combats,*
> *Qui pulvérises les boucliers,*
> *Et soulèves ouragans et tempêtes !*
> *Altière souveraine, Inanna,*
> *Experte à déclencher les guerres,*
> *Tu dévastes la terre et conquiers les pays*
> *Par tes flèches à longue portée !*
> *Ici-bas et là-haut, tu as rugi comme un fauve,*
> *Et frappé les populations !*
> *Tel un auroch gigantesque, tu t'es campée, impatiente d'attaquer les contrées hostiles !*
> *Pareil à un formidable lion, de ta bouche écumante*
> *Tu as anéanti adversaires et rebelles*[83].

Cette célébration d'Inanna se poursuit avec l'exaltation de sa forme astrale parcourant le ciel. Elle diffuse une lumière éclatante, ce qui sème l'effroi et l'épouvante sur son passage. Un jour, alors qu'elle traverse le ciel et la terre, elle remarque que la montagne Ebih ne lui

83. Bottéro (Jean) et Kramer (Samuel Noah), *Lorsque les dieux faisaient l'homme. Mythologie mésopotamienne, op. cit.*, p. 219.

témoigne pas de respect. Inanna est froissée par son manque de politesse :

Eh bien ! Puisqu'il ne m'a témoigné nul respect,
Puisqu'il n'a point baisé la terre devant moi,
Ni de sa barbe, devant moi, balayé la poussière,
Je vais porter la main sur ce pays provocateur :
Je lui apprendrai à me craindre !

La déesse décide de raser la montagne, de la brûler et de la rendre stérile et désolée. Elle s'équipe de sa cape royale, pose sur son front l'éclat surnaturel, dispose sur sa poitrine les rosettes de cornaline, brandit sa masse heptacéphale et met ses sandales flamboyantes à ses pieds et au crépuscule, elle se rend chez An.

An ! Mon père (dit-elle), je te salue ! Écoute-moi !
Tu m'as fait redoutée de tous les dieux du ciel :
Grâce à toi, ma parole est sans rivale en l'univers !
Tu m'as octroyé l'anbarra, arme destructrice,
Et l'antibal, et le mansium[84]*.*

Inanna continue de rappeler à son père qu'elle est à la droite du chef des armées et qu'Ebih mérite d'être détruit en raison de son manque de respect. Dans un premier temps, An n'est pas très enthousiaste à l'idée de laisser Inanna raser la montagne. Ebih est un adversaire redoutable qui a répandu sa terreur au ciel, sur terre et dans le Kur[85], sans compter que c'est un pays luxuriant et plein de vie.

Elle veut abattre l'Ebih : mais pourquoi ?
Il a répandu sa crainte et sa terreur
Jusqu'au séjour des dieux !

84. Il est très difficile de savoir à quoi correspondaient ces armes. Nous avons les noms, mais nous ne connaissons ni leur forme ni leur utilisation.

85. Le Kur entoure et contient le monde physique et qui contient tout ce qui existe, n'existe plus et existera. C'est la source de la lumière et de la vie et c'est un lieu uniquement accessible aux dieux.

Mais Inanna est têtue et bien décidée à en finir avec Ebih. Elle déverrouille l'arsenal et lance un déluge d'eau et le « vent mauvais » contre la montagne. Puis elle se lance dans la bataille et le serre comme une botte de roseau en hurlant. Enfin, Inanna maudit et dessécha la végétation avant d'y mettre le feu.

Et derechef, fière de la crainte, de la terreur,
De l'épouvante qu'elle inspirait,
Inanna se glorifia :
« Mon père Enlil (dit-elle) a propagé partout
La peur que l'on a de moi ! »

Le mythe se termine sur Inanna qui se félicite de donner aux *kurgara* (prêtres transformistes) des poignards et des épées, d'offrir des tambourins aux *gala* (prêtres lamentateurs).

Inanna la guerrière lumineuse

Le poème présente une Inanna martiale, une guerrière fière et sans peur qui s'en prend à une montagne, sans doute une ville étrangère qui ne lui a pas montré de respect. Il faut comprendre par là que la cité n'est pas soumise au pouvoir des grands dieux An et Enlil et ne reconnaît pas la royauté d'Inanna.

La puissance, la souveraineté, la splendeur divine sont des manifestations de lumière, un éclat terrifiant qui doit faire naître une crainte révérencieuse dans le cœur des hommes. Or, Ebih ne reconnaît pas ou ne voit pas cet éclat. Dès le début du poème, Enheduanna insiste sur l'aspect éclatant de la déesse, notamment sous sa forme astrale qui est décrite comme une immense lumière éblouissante semant effroi et terreur quand elle apparaît. C'est la manifestation lumineuse d'Inanna la plus importante.

D'ailleurs ce double aspect crainte/splendeur est exprimé par le signe NI_2 que Jean Bottéro traduit par « respect ». Ce signe apparaît une vingtaine de fois dans le poème, seul ou sous forme composée. La traduction akkadienne est *puluḫtu* qui désigne la crainte, la terreur, la crainte religieuse et qui peut aussi désigner la majesté.

On trouve dans ce texte un large champ lexical autour de la splendeur divine qui a été étudié par Elena Cassin[86]. Elle explique à propos de *puluḫtu* qu'il est « essentiellement une manifestation de la puissance surhumaine. C'est une irradiation qui peut être dévastatrice ou bienfaisante[87]. »

Dans le poème, Enheduanna parle de *ni-gal* qui se traduit par « la splendeur », de *ni-huš*, « la splendeur flamboyante » qui désigne aussi ce qui est noble, parfait, fort ou vaillant.

Inanna, pour partir en guerre, orne son front d'un éclat surnaturel. Le terme utilisé est *me-lam*$_2$, qui désigne la terrible splendeur dont sont parées les divinités. Malheureusement, ces subtilités de vocabulaire n'apparaissent pas dans la traduction de Jean Bottéro.

L'Inanna guerrière est présentée ici comme un phénomène cosmique extrêmement lumineux et terrifiant qui déclenche des déluges ainsi que des tempêtes. Cet éclat lumineux est aussi bien capable de brûler la vie végétale et animale que de détruire des montagnes. Cette puissance lui a été octroyée par An et Enlil afin de susciter la crainte chez tous les rebelles qui s'opposeraient à eux.

La lumière dans le système religieux

La lumière, tel que l'a étudiée Elena Cassin dans son étude sur la splendeur divine, est un élément fondamental dans la religion mésopotamienne. Toutes les divinités sont revêtues d'une terrible et splendide lumière. La lumière est associée à la création, à la vitalité, à la

86. Cassin (Elena), *La Splendeur divine. Introduction à l'étude de la mentalité mésopotamienne, op. cit.*
87. *Ibid.*, p. 4.

souveraineté et à la prospérité. Elle provient du Kur, notamment de celui de l'est et plus elle se rapproche du monde physique, plus elle se densifie. Ainsi, dans la pensée religieuse, la matière est de la lumière densifiée. C'est elle qui dessine les contours des corps (dieux, rois, héros) ou des objets (temples, armes divines, symboles royaux) et elle émane d'eux. Plus une lumière est proche du monde matériel, plus elle est brillante. La plus éloignée est donc celle des étoiles, personnifiée par An, puis vient la lune, ensuite le soleil et enfin la plus proche et la plus brillante : Inanna-Vénus.

La lumière est une propriété d'Inanna. Sa lumière est omniprésente, elle éclaire le Kur et le monde physique d'est en ouest et du nord au sud, en plus d'être l'étoile la plus brillante du ciel nocturne. Elle est l'étoile du matin et l'étoile du soir. Comme l'écrit Françoise Bruschweiler :

> *En mettant le doigt sur la double nature d'étoile du soir et du matin d'Inanna-Vénus, ainsi que sur la faculté qui lui est prêtée de rivaliser d'intensité avec la lune et le soleil, nous touchons au second motif de sa manifestation stellaire : sa suprématie en toute chose, corrélation de la situation élevée qu'elle occupe au côté d'An maître du ciel et dieu suprême*[88].

Inanna incarne la source de toute vie sans pour autant être une déesse-mère. Elle est la puissance qui permet la fécondation, mais la maternité n'est pas dans ses prérogatives, son rôle en tant que lumière est de s'assurer de la prospérité du vivant.

Un texte politique

Ce texte a une double portée, ce n'est pas qu'un hymne à la gloire d'Inanna, c'est également un texte politique. Enheduanna était la fille

---

88. Bruschweiler (Françoise), *Inanna, la déesse triomphante et vaincue dans la cosmologie sumérienne, op. cit.*, p. 165.

du roi Sargon d'Akkad qui a pris le pouvoir après un coup d'État. Elle fut nommée grande prêtresse de Sin (le dieu lune appelé Nanna en sumérien) au temple d'Ur pour que la ville reste sous le contrôle du nouveau pouvoir en place. Afin de légitimer sa position, Sargon fit d'Inanna la déesse protectrice de sa dynastie et plaça des membres de sa famille à des postes clés. Ce texte qui dépeint la colère et la terrible vengeance de la déesse envers ceux qui ne la respectent pas est un message adressé à tous ceux qui oseraient se rebeller contre le roi : Sargon sera aussi impitoyable qu'Inanna envers ses ennemis.

Inanna et Enki : transfert des pouvoirs[89]

Résumé du mythe

Ce très long texte raconte comment les *me*, les décrets divins qui régissent le monde, vont passer de la ville d'Eridu à celle d'Uruk, la cité d'Inanna.

Un beau matin, Inanna monte dans sa barque céleste et s'envole vers Eridu pour aller adresser une prière à Enki. Le dieu sage la voit venir et envoie son vizir Isimud pour l'accueillir avec tous les honneurs, comme une alliée et une amie. Le vizir obéit et quand Inanna arrive, elle est conduite au cœur de l'Abzu où elle mange des gâteaux au beurre et de la bière.

Enki arrive et tous les deux boivent beaucoup.

Et Enki, côte à côte avec Inanna, en l'Apsû,
D'entonner de la bière et de lamper du vin,
Leurs gobelets pleins à verser
Trinquant à qui mieux mieux au Ciel et à la Terre.

---

89. Bottéro (Jean) et Kramer (Samuel Noah), *Lorsque les dieux faisaient l'homme. Mythologie mésopotamienne*, *op. cit.*, p. 230 et suiv.

Enki décide d'offrir à Inanna l'office de *En*[90] et celui de *Lagal*, ainsi que la fonction sacrée. Le dieu continue sur sa lancée et lui offre aussi l'auguste sceptre, le bâton de commandement, le noble manteau, le pastorat et la royauté. Enki lui offre tous les pouvoirs même ceux qu'elle possède déjà comme l'étendard, le carquois, l'érotisme, le baiser amoureux, la « prostitution » et le « vite-fait », et d'autres surprenants comme la véridicité, la descente aux Enfers ou le retour des Enfers.

Inanna prend tout ce que lui offre son père. Une lacune de quarante-cinq lignes coupe le récit, il semblerait que la déesse doive se justifier d'avoir autant de pouvoirs, mais nous n'avons pas l'identité du contestataire, peut-être le vizir Isimud ?

Enki, toujours bien aviné, demande à son vizir de veiller à ce qu'Inanna rentre sans encombre à Uruk. La déesse charge ses trésors dans sa barque céleste et s'envole pour sa ville.

Le dieu commence à recouvrer ses esprits et se demande où sont passés ses *me*. Isimud lui répond qu'il a tout donné à sa fille Inanna qui est en route vers Uruk. Le dieu l'envoie récupérer ses décrets divins, les *me*, mais Inanna ne l'entend pas de cette oreille.

> *Comment mon père a-t-il pu changer sa volonté à mon égard,*
> *Violer la promesse qu'il m'avait faite,*
> *Discréditer ses ordres explicites en ma faveur ?*
> *M'aurait-il donc [parlé] captieusement ?*
> *[Se serait-il] adressé à moi [fallacieusement] ?*
> *Est-ce par fourberie qu'il invoquait « son prestige »,*
> *« son Apsû » ?* (Océan d'eau douce souterrain)
> *Par trahison qu'il t'a expédié vers moi ?*

---

90. L'*En* est le grand prêtre du culte d'un dieu et le *Lagal* est aussi un haut membre du clergé.

Inanna a à peine fini de parler que des *enkum* (peut-être des prêtres trésoriers d'un temple) se jettent sur elle pour reprendre les *me*. Mais Inanna appelle aussitôt sa suivante Ninšubur[91] à l'aide et la barque céleste est sauvée ainsi que son contenu.

Enki envoie les cinquante géants d'Eridu, cinquante *lahamu* de l'*engur*[92], des « gros poissons », des gardes d'Uruk et des gardes du Turungal[93]. À chaque fois, Inanna s'échappe avec l'aide de Ninšubur. Finalement la déesse et sa suivante arrivent à Uruk. Une grande fête est organisée et le mythe se termine par l'énumération de tous les *me* qui sont en possession de la déesse.

Les me[94]

Ce mot est quasiment intraduisible et ce qu'il représente est complexe. Il désigne des prescriptions ou des lois qui régissent l'Univers. Ce sont à la fois des décrets divins, des pouvoirs et des destins qui soumettent les dieux et les hommes. Ils proviennent du Kur des *me*, mais un récit mythologique leur donne pour origine un couple divin existant avant An : le seigneur et la dame des *me*, Enmešara et Ninmešara. Ils auraient donné à An la royauté et les *me*. Une autre origine possible est l'Abzu, l'océan d'eau douce primordial et domaine d'Enki.

---

91. Ninšubur est une déesse que l'on retrouve dans d'autres mythes, comme la descente d'Inanna. C'est une déesse messagère importante. Elle est la déesse mineure de la Sagesse et du Savoir, mais aussi une déesse guerrière, la messagère et la « garde du corps » d'An, le patriarche des dieux, ainsi que la suivante la plus loyale et fidèle d'Inanna.
92. Ce sont des divinités protectrices. L'Engur est l'autre nom de l'Apsû qui se traduit par « la totalité des secrets ». Les signes qui servent à écrire Engur servent aussi à écrire le nom de la déesse Utérus Nammu, la divinité créatrice de l'Univers et mère d'Enki.
93. C'était sans doute un canal qui se trouvait dans la région de Zabalam, une ville du sud de la Mésopotamie qui était un important centre du culte d'Inanna.
94. Voir l'ouvrage de Rosengarten (Yvonne), *Sumer et le Sacré. Le jeu des prescriptions (me), des dieux et des destins*, *op. cit.*, 1977.

Ils sont généralement 50 ou 3600, et toujours 7 quand il s'agit d'Inanna. Comme tout ce qui provient du Kur, ils sont purs, parfaits, splendides et leur possession est souvent le centre de plusieurs guerres et querelles entre les dieux. Ce que mettaient les Mésopotamiens derrière ce terme nous est complètement étranger. Ils ne sont pas vraiment le pouvoir comme nous le concevons. Je pourrais définir un *me* comme la puissance de l'acte, c'est-à-dire la capacité d'accomplir, de rendre parfait une information qui provient du Kur et qui façonne le monde visible. Cette force qui naît de l'accomplissement d'un *me* est une forme de pouvoir propre aux dieux et aux rois. Ils sont les seuls capables de manifester dans le monde réel un aspect particulier du Kur contenu dans un *me*.

Le but d'un *me* est d'être accompli. Plus un dieu possède de *me*, plus il peut agir sur le Kur et le monde physique.

Un vol ou une passation de pouvoir ?

Ce mythe est difficile à lire en raison des répétitions de la longue liste de *me*. Il s'agit d'une passation de pouvoirs entre deux divinités et donc entre deux cités. Eridu était un centre religieux très important, la ville sainte d'Enki, le dieu de la Sagesse, de la Magie, le créateur de l'humanité. Ses prêtres-exorcistes étaient réputés pour leurs connaissances encyclopédiques : médecine, pierres, plantes, secrets des dieux, magie, littérature, etc. Ils étaient des experts de la purification et tenaient leurs secrets d'Enki lui-même. Le dieu est le civilisateur par excellence, plusieurs mythes en attestent tout comme le grand nombre d'hymnes qui lui sont dédiés. Les *me* qu'il offre à Inanna sont des *me* d'ordre culturel comme la métallurgie, la vannerie, l'art d'allumer le feu, l'art de se coiffer, etc. Enki donne à Inanna les clés de la civilisation. Les tentatives de récupérer les *me* sont interprétées par Jean Bottéro[95] comme une forme de jalousie du dieu qui change d'avis, ce qui est assez courant dans les mythes, et Enki n'est pas le seul à se montrer jaloux. Mais les créatures ou humains envoyés par Enki n'ont absolument rien de menaçant pour la déesse : des prêtres, des créatures bienfaisantes, des soldats à son service. Si Enki avait voulu récupérer ses pouvoirs, il aurait pu le faire sans grande difficulté, c'est un dieu intelligent et le « supérieur hiérarchique » d'Inanna. Ses tentatives sont, au final, assez molles et toutes liées à l'eau. Il est sans doute plus question d'une sorte de test ou d'un adoubement que d'une tentative de récupération des pouvoirs.

Inanna prouve par six fois qu'elle est capable de protéger les *me*. Le 6 est important, le système de numération des mésopotamiens étant sur une base de 60, ce chiffre représente la perfection, la totalité. Inanna devient l'héritière d'Enki, celle qui devra poursuivre son œuvre civilisatrice et qui est reconnue comme telle par le clergé d'Eridu et les divinités de l'Apsû. C'est par la volonté d'Enki que les *me* sont transférés à Uruk et que la ville se hisse au niveau culturel d'Eridu. La récupération des *me* s'apparente donc plus à un rite qu'à une guerre.

Plusieurs décrets divins sont des prérogatives d'Inanna comme l'inversion des genres, la querelle, les tavernes ; les auteurs ont peut-être voulu mentionner qu'Inanna devait ses pouvoirs à Enki[96]. C'est sans doute une manière de rappeler à Inanna tout ce qu'elle doit au dieu de la Sagesse, car n'oublions pas que le mythe débute dans la steppe (monde sauvage) et se termine dans la ville (la civilisation). Étonnamment, Inanna se retrouve avec des *me* qui sont en contradiction avec sa nature, comme les *me* de la médiation, du débat ou de la négociation. Inanna règle habituellement les conflits par la violence,

---

95. Bottéro (Jean) et Kramer (Samuel Noah), *Lorsque les dieux faisaient l'homme. Mythologie mésopotamienne*, *op. cit.*, p. 250.
96. Voir le sous-chapitre sur Enki et l'ordre du monde.

jamais par le dialogue. Mais, comme elle devient la garante de la civilisation, régler les différends commerciaux dans le sang n'est pas un système viable !

En lui donnant ses *me*, Enki renforce la suprématie d'Inanna dans le monde des dieux et des hommes. Elle devient la déesse de la Civilisation en plus de la déesse de la Vie.

Il y a un élément rare ici. D'habitude, c'est le dieu lui-même qui se charge de civiliser les hommes, sauf dans deux mythes : les Sept Sages[97] et celui-ci. Dans les Sept Sages, Enki envoie des héros civilisateurs auprès des hommes, mais dans le mythe d'Enki et Inanna, le dieu choisit une déesse et une ville. « C'est à Inanna seule qu'il confère d'emblée tout le bagage du savoir-vivre, du savoir-faire et du progrès, qu'elle s'empresse aussitôt de communiquer à la seule cité dont elle était patronne : Uruk[98]. » Les deux divinités sont très proches et se ressemblent sur certains points, notamment sur ce qui concerne la cosmogonie et l'organisation du pouvoir et du monde. Ce sont tous les deux des divinités atypiques qui vont souvent à l'encontre des lois des grands dieux.

97. Les sept sages ou les « carpes saintes » sont des personnages aquatiques qui enseignèrent la civilisation aux hommes avant le déluge. Ce sont des messagers d'Enki/Ea.
98. BOTTÉRO (Jean) et KRAMER (Samuel Noah), *Lorsque les dieux faisaient l'homme. Mythologie mésopotamienne*, *op. cit.*, p. 255-256.

Chapitre 4

Mythologie comparée

Les divinités féminines de la sexualité et de la guerre sont assez nombreuses et notre enquête est restreinte à la Mésopotamie et au bassin méditerranéen.

L'objectif était de rester dans les milieux proches géographiquement de la Mésopotamie afin d'essayer de comprendre comment l'archétype de la déesse guerrière et amante a évolué, et voir s'il y a des hypostases d'Inanna dans des civilisations autour de la Mésopotamie. Ce n'est pas un exercice évident, car chaque civilisation a son histoire, ses panthéons et rien ne reste figé pendant des millénaires. S'il y a effectivement des divinités proches, il y a aussi de nombreuses différences, parfois très importantes.

Rester dans cette région permet aussi de parler de divinités peu connues et de montrer que les mythes, ou du moins certains schémas mythologiques, se sont diffusés grâce aux échanges entre les peuples.

Je ne parlerai que des divinités liées à la guerre, à la lumière et à la sexualité dans le bassin méditerranéen, mais il ne s'agit pas non plus d'une étude comparée des mythologies, même si je ferai des parallèles. Je ne pourrai malheureusement pas pousser trop loin mes analyses, ce n'est qu'un aperçu de la richesse de chaque civilisation.

Inanna et les divinités mésopotamiennes

Nanaya

Généalogie et attributions

Nanaya (parfois appelée aussi Nanâ, Nanéa ou Nanaja) est une déesse oubliée du néopaganisme. Pourtant, elle est une déesse majeure du panthéon mésopotamien et connue jusque dans la Bible. Elle est la déesse de la Volupté, de l'Attraction sexuelle, ainsi que de l'Amour. Sa généalogie fluctue selon les époques et les régions. Parfois, elle est considérée comme la fille du dieu suprême An et d'Inanna. D'autres fois, elle partage la même filiation que la déesse en étant présentée comme la fille du dieu lune et la sœur du dieu soleil. Nanaya, en plus de personnifier l'amour, l'ardeur sexuelle et la volupté, était aussi l'un des aspects de la planète Vénus. En tant que fille d'Inanna, elle possède ses attributions (comme son aspect martial), mais appliqués à la sexualité. Elle est appelée *dumu-ki-ag ^{d}Inanna* « fille bien-aimée d'Inanna ». Elle peut être davantage une déesse du sentiment amoureux qu'Inanna, puisqu'elle est décrite portant une parure de charmes d'amour.

Culte

Son culte est attesté du début du IIIe millénaire avant notre ère jusqu'au VIIIe siècle de notre ère.

Bien que l'on retienne Inanna comme la déesse d'Uruk, dans les faits, il est très probable qu'il y eut une trinité féminine : Inanna, Nanaya et la fille de celle-ci, Kanisura[99]. Les trois divinités étaient distinctes et Nanaya possédait ses propres temples, entre autres à Uruk, Kiš et Borsippa. À Uruk, son sanctuaire portait le nom d'Éhilianna

99. « Nanaya », in *Gods, Demons and Symbols of Ancian Mesopotamia*, Black (Jeremy) et Green (Anthony), The British Museum Press, 2e édition, Londres, 1998, p. 134.

(é-ḫi-li-an-na). Nanaya était clairement une divinité associée à la royauté, elle prenait part à des rites de mariages sacrés entre elle et le roi de Larsa : Rim-Sin[100]. Un *tigi* (hymne chanté accompagné d'un tigi, sans doute une lyre) à Nanaya par le roi Išbi-Erra[101], la dépeint ainsi.

> *Aussi bonne qu'An, femme à la tête sainte (?), Rendue parfaite par la [...] dame ! Nanaya, bien éduquée par la sainte Inanna, femme aussi brillante que les étoiles, femme sage disponible pour tout, juste femme sympathique, dame toujours disponible sur demande, conseillée par la sainte Inanna, aimée par la Maîtresse ! Nanaya, grand juge, divinité qui occupe le haut trône d'Uruk[102] !*

En plus des rites royaux, Nanaya présidait également des rites propres aux femmes dont nous ignorons la nature exacte[103]. Elle était considérée une déesse du Plaisir, nourricière et généreuse. Son culte, si important dans l'Antiquité, est évoqué comme suit dans la Bible :

> *2M2:13 : S'étant en effet rendus en Perse, leur chef ainsi que son armée qui paraissait invincible furent massacrés dans le temple de Nanéa grâce à un stratagème dont usèrent les prêtres de Nanéa.*
> *2M2:14 : En effet, sous prétexte d'épouser la déesse, Antiochus[104], accompagné de ses amis, se rendit en ce lieu dans l'intention d'en recevoir les richesses considérables à titre de dot[105].*

---

100. Beaulieu (Paul-Alain), *The Pantheon of Uruk During the Neo-Babylonian Period*, Cuneiform monographs 23, Brill/Styx, Leyde, Boston, 2003, p. 184.
101. Išbi-Erra était un roi de la ville d'Isin au XXe siècle avant notre ère.
102. « A *tigi* to Nanaya for Išbi-Erra (Išbi-Erra C) », in *ETCSL*, 2.5.1.3, v. 6-11, consultable sur http://etcsl.orinst.ox.ac.uk/cgi-bin/etcsl.cgi?text=t.2.5.1.3#
103. Goodnick Westenholz (Joan), « Nanaya: Lady of Mystery », in Finkel (Irving) et Geller (Markham) [éd.], *Sumerian Gods and Their Representations*, Cuneiform Monographs 7, Styx Publications, Groningue, 1997, p. 57-84.
104. Antiochus IV Épiphane. Roi séleucide qui régna environ de 174 à 164 avant notre ère.
105. Deuxième livre des *Maccabées*, traduction œcuménique de la Bible, Bibli'O/Société biblique française, Les Éditions du Cerf, Paris, 2010.

Assimilation

Nanaya est une divinité dont la force réside dans sa capacité à s'adapter et à assimiler d'autres divinités. Son culte se retrouve chez les Élamites, les Grecs, les Égyptiens ou encore chez les Iraniens.

Mésopotamie : Nanaya a été plus ou moins assimilée à Inanna, Ištar et Tašmetu[106] (l'épouse de Nabu[107]). Les trois déesses ayant des fonctions similaires, il arrivait qu'elles se confondent. Nanaya était autant considérée comme l'épouse de Nabu que Tašmetu. Cependant l'assimilation entre les trois déesses n'était pas systématique. Par exemple à Borsippa, Nanaya et Tašmetu possédaient toutes les deux une chapelle dans le temple de Nabu, tandis que le festival du Nouvel An indiquait que Nanaya était la première dame de la suite d'Ištar.

Monde gréco-romain : à l'époque hellénistique, la déesse est assimilée à Artémis dans la ville de Doura-Europos[108], mais également sur tout le pourtour du bassin méditerranéen et sur le plateau iranien. Nanaya devient une divinité chasseresse en plus d'être une divinité de la Fertilité. Elle est représentée avec un arc et un croissant de lune, et Strabon confirme l'association avec la déesse :

> *Borsippa est une ville sainte, consacrée à la fois à Artémis et à Apollon, c'est aussi le centre d'une grande fabrication de tissus de lin*[109].

---

106. Parèdre de Nabu, elle possède les mêmes attributions que son époux : sagesse et savoir, et également celui de la sexualité.

107. Dieu babylonien et assyrien de la Sagesse, de l'Écriture et du Savoir. C'est le fils de Marduk, le dieu de Babylone, devenu le roi des dieux.

108. Azarpay (Guitty), « Nanâ, the Sumero-Akkadian Goddess of Transoxiana », in *Journal of the American Oriental Society*, vol. 96, n° 6, 1976, p. 536-542.

109. Strabon, *Géographie*, livre XVI, chapitre i, vers 7, traduction d'Amédée Tardieu, Hachette, Paris, 1885.

Monde iranien : avec les Perses, elle sera assimilée avec Anahita[110], la déesse des Fleuves et des Rivières, identifiée à Sarasvati dans l'hindouisme. Elle est également assimilée à Armaiti, l'une des six Amesha Spentas, les entités divines qui entourent Ahura Mazda. Armaiti représentait la dévotion et elle était la patronne de la terre.

Les Sassanides et les débuts de l'Islam : vers les VIIe et VIIIe siècles, dans la Sogdiane[111], l'iconographie de Nanaya est influencée par l'Inde. Elle est représentée avec quatre bras tenant la lune, le soleil, un sceptre et une coupe. La déesse est assise sur un trône-lion. Elle est assimilée à des divinités locales, mais sa forme principale reste Armaiti, notamment en tant que jeune fille protégeant la terre et les fleuves.

Nanaya était une déesse bien établie et attestée en Mésopotamie. Elle était une grande déesse capable de rivaliser avec sa mère Inanna et avec Ištar en termes de popularité et de pouvoirs. Nanaya a connu un développement extraordinaire puisque les assyriologues pensent que son culte s'est exporté au-delà de l'Asie centrale[112]. Elle est un parfait exemple des échanges culturels et commerciaux entre l'est et l'ouest grâce à la route de la soie.

Ištar

Origine et syncrétisme

Ištar serait à l'origine un dieu guerrier du sud de l'Arabie et d'Ugarit : Attar, assimilé à Vénus en tant qu'étoile du matin, et il avait une

---

110. Azarpay (Guitty), « Nanâ, the Sumero-Akkadian Goddess of Transoxiana », *op. cit.*, p. 536-542.

111. Région qui recouvrait l'Ouzbékistan ainsi qu'une partie de l'Afghanistan et du Tadjikistan sous les Perses.

112. Goodnick Westenholz (Joan), « Trading the Symbols of the Goddess Nanaya », in Wick (Peter) et Rabens (Volker) [éd.], *Religions and trade: Religious Formation, Transformation and Cross-Cultural Exchange between East and West,* Brill, Leyde, 2013, p. 167-198.

forme féminine sous la forme Attart, Vénus, l'étoile du soir[113]. Attar et Attart arriveront en Mésopotamie avec les Akkadiens qui envahiront Sumer.

Ištar et Inanna, qui avaient des fonctions similaires, seront assimilées par Sargon d'Akkad dans un but politique : celui d'unifier les croyances sémitiques et sumériennes au sein de son nouvel empire[114]. La nomination de sa fille Enheduanna à la fonction de prêtresse du dieu lune Nanna et les hymnes qu'elle écrira sur la déesse ont grandement servi les intérêts politiques de son père[115].

Avec le développement de Babylone et de ses dynasties, les divinités féminines vont progressivement être assimilées par Ištar ou s'éclipser au profit de leurs époux. À partir du IIe millénaire, *ištaru* devient un synonyme de déesse, ce qui entraînera des confusions ou des assimilations avec d'autres déesses, notamment des déesses-mères comme Ninmah. Par exemple, l'Ištar de Ninive est l'épouse ou la compagne de Marduk tandis que l'Ištar d'Arbèles est la nourrice du même dieu, les inscriptions royales assyriennes faisant bien la distinction entre les deux déesses.

Place et rôle dans les panthéons

Elle deviendra la déesse et la femme par excellence dans le monde mésopotamien sans contrepartie masculine. C'est autour d'Ištar que va davantage se développer l'aspect maternel, notamment en tant que mère des hommes et celui d'épouse, des rôles qui sont plus ambigus et marginaux chez Inanna. De même, le caractère virginal d'Inanna est

---

113. Collins (Paul), « The Sumerian Goddess Inanna (3400-2200 BC) », in *Papers from the Institute of Archeology* 5, 1994, p. 103-118.
114. Idem.
115. Ce qui n'enlève rien à la beauté des textes qu'elle écrira, ni au fait que le premier écrivain dont l'histoire a retenu le nom est une femme.

relégué au second plan chez Ištar. Elle sera l'épouse des plus grands dieux : d'Aššur[116] en Assyrie (syncrétisme avec Mullissu, épouse d'Enlil, déesse de l'Air, de la Création, mère des dieux), de Nabu[117] en Babylonie (syncrétisme avec Tašmetu[118], déesse de la Sexualité et de la Sagesse), de Marduk également en Babylonie (syncrétisme avec Zarpanitu, déesse des Grains, elle-même assimilée à Aruru, la créatrice des hommes).

Ištar est sans conteste la déesse la plus connue de nos jours. Comme Nanaya, son culte a su s'adapter pour rester attractif en assimilant d'autres divinités. Même si Ištar et Inanna se confondent, il y a des différences : Inanna a un côté juvénile plus marqué qu'Ištar. En grossissant le trait, on pourrait dire qu'Inanna représente la jeune fille tandis qu'Ištar représente l'épouse.

Ninurta

Généalogie et attributions

Inanna ne peut pas être comparée uniquement à des déesses, elle a aussi un côté masculin. Il y a un dieu qui lui ressemble beaucoup, Ninurta. Il est le fils d'Enlil et Ninmah (déesse-mère), le frère de Nergal, le dieu des Enfers et l'époux de Gula (déesse de la Guérison). C'est le dieu de la Guerre et de la Fertilité et comme Inanna, il est le champion des dieux. Il est d'ailleurs représenté comme elle avec des flèches et un lion.

116. Divinité tutélaire de la ville du même nom, il deviendra le roi des dieux, assimilant ainsi Marduk et Enlil.

117. Dieu de la Sagesse et de l'Écriture.

118. Si Tašmetu est différenciée d'Ištar lors du mariage de Nabu, ce n'est pas toujours le cas en raison des très grandes similitudes entre les deux déesses.

Place et rôle dans les panthéons

C'est une divinité associée à la charrue, donc à l'agriculture et c'est aussi une divinité des orages. Ninurta est associé à la royauté, en tant que figure protectrice contre les ennemis extérieurs. Il personnifie le roi et le guerrier, il est le jeune roi des dieux, un double de son père Enlil.

Inanna et Ninurta : champions de l'ordre établi

Ils sont tous les deux les champions des dieux, ceux qui défendent la royauté d'An et Enlil. Les deux divinités partagent les mêmes attributs : le lion qui représente la violence, le tonnerre et le chariot de feu. Inanna est plus imprévisible que Ninurta, mais elle est aussi redoutable dans les combats que le fils d'Enlil. Comme lui, elle est une divinité de la pluie. La grande différence entre les deux, c'est que Ninurta ne joue pas avec les genres et qu'il n'est pas une divinité de la lumière.

Dans sa longue histoire, Inanna a assimilé ou a été assimilée à de nombreuses divinités en Mésopotamie. Nanaya et Ištar sont deux exemples parmi d'autres. J'ai parlé de Ninurta, mais j'aurais pu aussi parler d'Iškur (Adad chez les Akkadiens) qui est aussi une divinité de la fertilité et de l'orage, comme Inanna et Ninurta. Il est beaucoup plus facile de comparer cette déesse avec les divinités de son panthéon qu'avec les divinités des autres cultures puisque les divinités s'inscrivent dans le même contexte religieux et culturel.

Inanna et les divinités phéniciennes

Géographiquement, la Phénicie correspond plus ou moins au Liban actuel. Ce n'était pas un royaume, mais plusieurs petits royaumes indépendants le long de la côte méditerranéenne (Byblos, Tyr, Carthage…). Cette civilisation s'est surtout épanouie au IIe millénaire avant notre ère. Les Phéniciens ont fondé des cités sur tout le pourtour du bassin méditerranéen, de la Turquie à la péninsule Ibérique. Ils n'utilisaient pas l'écriture cunéiforme, mais un alphabet consonantique : le phénicien. La Phénicie étant une terre de métissage et de passage, leur religion était un mélange des diverses croyances et divinités de la région[119]. Généralement, les sources utilisées sont celles d'Ugarit, un ancien royaume de Syrie dont la religion est très proche de celle des Phéniciens[120].

Astarté

Généalogie et diffusions

Elle est la déesse phénicienne de la Guerre et de l'Amour, bien que cet aspect soit assez tardif. Ses centres cultuels les plus importants se trouvaient à Ugarit (Syrie), Tyr et Sidon (Liban) ou encore à Byblos (Liban) où elle était assimilée à Isis et Hathor. Son culte va se déployer sur tout le pourtour méditerranéen, de la Phénicie à l'Espagne en passant par Chypre, Carthage, l'Italie ou la Sicile. Astarté est une déesse qui a beaucoup évolué : l'Astarté de Carthage a des points communs avec celle d'Ugarit, mais aussi beaucoup de différences. Les rôles de la déesse varient en fonction des siècles et des régions, ce qui ne facilite pas son étude. Il est impossible de déterminer l'origine exacte d'une divinité puisqu'il y a des assimilations avec des divinités locales. On peut seulement déterminer une sorte de socle commun auquel s'ajoutent des variations selon les époques et les lieux.

---

119. Il y a des emprunts à la religion mésopotamienne, égyptienne, aux cultes cananéens et même des emprunts à la religion grecque.
120. La religion d'Ugarit est finalement assez représentative des croyances des peuples ouest sémitiques.

Mythologie et fonctions

Dans la mythologie, Astarté est la sœur et peut-être la compagne du dieu Baal, le dieu des Orages et tous les deux sont des enfants du dieu suprême El. Elle forme un binôme avec sa sœur Anat et dans les textes, elle apparaît généralement à la seconde place après celle-ci. Astarté n'a pas un grand rôle dans la mythologie, qui se focalise plus sur Anat/Baal. La déesse est associée aux chevaux, à la chasse et à la magie. L'accent est mis sur son côté violent et guerrier. Dans le mythe Baal contre Yammu par exemple, elle sera la première à être appelée par le dieu pour combattre. Bien que dans d'autres régions du bassin méditerranéen, Astarté soit associée à l'amour, ce n'est pas aussi clair dans les textes d'Ugarit. Elle est décrite comme une très belle déesse, mais vierge, chasseresse et attachée au monde marin. Comme Inanna, elle est une déesse liée à la royauté et possède un côté virginal. L'Astarté d'Ugarit est une déesse qui refuse de rentrer dans la sphère du mariage ou de la maternité[121]. Dans sa version la plus ancienne, son territoire est le champ de bataille bien plus que les plaisirs charnels. C'est une divinité très indépendante, jouant un rôle politique dans la sphère royale en tant que garante du pouvoir et de la légitimité du roi, en tant que mère ou nourrice de la dynastie, d'où ses représentations en étant enceinte ou allaitante. Elle est donc à la fois mère et vierge.

La déesse est intégrée au panthéon égyptien avec sa sœur Anat dès la XVIIIe dynastie (environ - 1550 à - 1292) où elle est une divinité de la guérison. Sous la XXe dynastie, Ramsès III (environ - 1186 à

---

121. Schmitt (Rüdiger), « Astarte, Mistress of Horses, Lady of the Chariot: The Warrior Aspect of Astarte », in *Die Welt des Orients*, Bd 43, H.2, Vandenhoeck & Ruprecht, Göttingen, 2013, p. 213-225.

- 1154) appelle Anat et Astarté « ses boucliers », car elles sont les protectrices du pharaon[122].

Astarté est mentionnée également dans la Bible, notamment dans le Ier livre des Rois (1R11 : 5 et 1R9 : 33) qui atteste d'un culte d'Astarté rendu par Salomon et peut-être dans le livre de Jérémie, 44 : 15-19, où il est question d'une Reine du Ciel, sans plus d'indication. Ses symboles étaient le lion, la colombe, le cheval et un instrument de musique.

Dans sa forme tardive au Ier millénaire, Astarté est une déesse proche d'Inanna/Ištar, mais c'est le résultat de plusieurs syncrétismes puisqu'elle a connu de très nombreuses transformations et permutations. À Ugarit, elle est avant tout une déesse de la Guerre, de la Magie et de la Guérison. Comme Inanna, elle est la garante de l'autorité royale. Astarté dans sa forme ancienne a plus de points communs avec l'Artémis grecque qu'avec Inanna, tandis que dans sa forme récente, elle est bien plus comparable à Ištar.

Anat

Généalogie et fonction

Anat est une autre déesse d'Ugarit et de la Phénicie. D'après les mythes et les hymnes, elle est la plus active des divinités de ce panthéon. Sœur de Baal[123] et d'Astarté et donc fille d'El[124], Anat est une déesse guerrière et chasseresse. Elle est connue dans les mythes pour avoir combattu le dieu de la Mort, Môt, pour délivrer Baal qui était son

122. Patai (Raphael), *The Hebrew Goddess*, 3e éd. aug., Wayne State University Press, Détroit, 1998, p. 56.
123. Son nom veut dire seigneur et ce n'est pas qu'un titre religieux. Il désigne également les propriétaires terriens et les époux. C'est un terme générique pour désigner les divinités masculines et en particulier le dieu de l'Orage dans cette région.
124. Dieu suprême dans la religion d'Ugarit.

prisonnier[125]. Anat est considérée comme une déesse vierge, c'est-à-dire une jeune femme en âge de se marier et indépendante, mais elle est aussi appelée la « nourricière des peuples », la « génisse[126] » et, comme sa sœur Astarté, elle est mère et nourrice des rois. L'hymne étudié par Henri Cazelles nous apprend qu'Anat a enfanté, nourrit, vêtu et préparé le jeune Baal pour qu'il renverse un ennemi qui a usurpé son trône[127]. Dans le mythe de Baal et Anat, elle est la déesse de la Vie, elle est celle qui transmet le souffle qui anime les hommes. Elle est la sœur protectrice de Baal (dieu de la Vie cyclique), celle qui le ramène à la vie et qui se bat pour que son autorité soit maintenue[128]. Ce mythe a de grandes similitudes avec les querelles entre Seth et Horus dans le mythe osirien.

Divinité de la violence

Anat est aussi une divinité violente qui se réjouit des massacres qu'elle perpètre sur l'humanité et des villes qu'elle rase quand le culte de Baal perd en ferveur, ou quand elle estime que l'honneur de Baal est bafoué. Elle ira aussi défendre sa cause auprès d'El, le père et roi des dieux, pour qu'il ait une « maison » à lui comme les autres divinités.

En Égypte, la déesse est la parèdre de Seth, le dieu du Désordre et des Orages[129]. Elle est ainsi décrite : « La femme, la victorieuse, une

---

125. On peut faire ici un parallèle entre Anat/Baal et Isis/Osiris. Baal, malgré la protection de sa sœur, sera tué dans le désert dans une embuscade tendue par Môt. S'en suivra la quête de la déesse pour faire revivre le dieu assassiné.
126. Cazelles (Henri), « L'hymne ugaritique à Anat », in *Syria, Archéologie, Art et Histoire*, tome 33, 1956, p. 49-57.
127. Là aussi, le parallèle entre Horus et Baal est assez évident.
128. Virolleaud (Charles), « La mythologie phénicienne d'après les poèmes de Ras-Shamra », in *Annuaire des sciences religieuses*, annuaire 1937-1938, 1937, p. 5-19.
129. Patai (Raphael), *The Hebrew Goddess*, *op. cit.*, p. 61.

femme agissant comme un homme, vêtue comme un homme et ceinturée comme une femme[130]. » On trouve des descriptions semblables pour Inanna qui est appelée « la femme virile ».

Anat et Astarté sont les deux faces d'une pièce, comme le dit si bien Charles Virolleaud :

> *Cette déesse au double nom (Anat-Astarté) représente bien la Vie. Elle n'est pas parmi d'autres, une force de la nature ; elle est la force même de la nature, autrement dit : l'âme de l'Univers*[131].

Cette puissance à la fois créatrice et destructrice est une des attributions d'Inanna. La plupart des combats menés par Inanna sont des combats pour défendre l'autorité et la suprématie d'An et Enlil. Elle est la déesse du Kur de la vie et de la lumière. La sexualité et la fertilité sont des manifestations de ses pouvoirs, mais c'est moins marqué chez Anat.

Asherah

Origine biblique et ugaritique

Parèdre presque oublié de YHWH, il ne reste d'elle que quelques stèles ou inscriptions et une poignée de versets bibliques. Si l'Ancien Testament insiste sur le célibat de son dieu, l'archéologie et certains textes attestent l'existence de poteaux sacrés, les *asherot* ou *asherim,* symbolisant une divinité féminine, qui se tenaient à côté de grandes pierres levées, les *mazzebot,* qui représentaient la divinité masculine[132]. Ces structures se trouvaient sur des sanctuaires en hauteur et

---

130. *Ibid.*, p. 62.
131. Virolleaud (Charles), « La mythologie phénicienne d'après les poèmes de Ras-Shamra », *op. cit.*, p. 5-19.
132. Römer (Thomas), *Dieu obscur. Le sexe, la cruauté et la violence dans l'Ancien Testament,* essais bibliques, n° 27, Labor et Fides, Genève, 2009, p. 37.

souvent en plein air à l'époque du royaume de Juda[133]. Les archéologues ont également trouvé, sur le site de Kuntillet Ajrud et celui de Khirbet el-Qôm[134], des inscriptions où l'on peut lire des bénédictions au nom de YHWH et de son Asherah.

La traduction des tablettes d'Ugarit a mis en évidence le culte d'Athirat[135] comme épouse du dieu El[136], et l'identification entre EL/YHWH et Asherah/poteau sacré figurant une divinité féminine est largement acceptée[137]. La représentation la plus courante de la déesse que l'on retrouve de la Phénicie à l'Égypte est une femme nue, brandissant des serpents ou des végétaux (feuilles de palmiers, blé...). Elle peut aussi porter des cornes sur sa tête comme Qetesh ou être représentée par un arbre, ce qui renforce l'idée que derrière les *asherot* des Hébreux se cachait une divinité féminine. Dans les textes d'Ugarit, Asherah/Athirat est une déesse-mère associée à la mer et elle est la créatrice des dieux. Son nom est interchangeable avec Astarté. Les deux déesses se confondent en Égypte et dans la Bible.

133. Selon la Bible, le royaume de Juda (931-586 AEC) et le royaume d'Israël (930-720 AEC) sont fondés après la mort du roi Salomon quand les douze tribus se sont séparées. Deux tribus ont fondé le royaume de Juda et les dix autres, le royaume d'Israël, mais l'archéologie donne un aperçu beaucoup plus nuancé de la fondation des deux royaumes.

134. Kuntillet Arjud est un site archéologique situé au nord-est de la péninsule du Sinaï, c'est une ancienne forteresse du royaume du Juda. Khirbet el-Qôm est également un site archéologique situé dans l'ancien royaume de Juda.

135. C'est le nom ougaritique d'Asherah.

136. Dans les langues sémitiques occidentales comme l'hébreu, l'ougaritique ou encore l'araméen, *El* signifie dieu.

137. Le judaïsme n'est pas sorti du néant, il est né et s'est abreuvé des religions qui entouraient les Hébreux de la Mésopotamie à l'Égypte, en passant par les peuples et les cultures de Canaan.

Asherah et le culte de YHWH

La vénération de la déesse Asherah est fortement combattue dans la Bible, et les versets de Jérémie sur des offrandes faites à la Reine du Ciel pourraient se rapporter à son culte. Dans l'Ancien Testament, Asherah est souvent mise en relation avec Baal qui désigne tous les dieux étrangers au culte de YHWH. Son culte est une histoire en pointillé, parfois accepté et parfois combattu. Elle a fini par devenir une déesse étrangère aussi fausse que les cultes polythéistes aux yeux des Hébreux[138]. En quelque sorte, YHWH a répudié très tôt son épouse et Ashérah subit le déshonneur des femmes divorcées : le bannissement du foyer. Elle, qui était appelée la très sainte, devient une prostituée, une idole qui détourne du « vrai » Dieu. D'ailleurs, William Whitt[139] propose de lire Osée (Os2 : 4-6) comme une référence au divorce de YHWH et d'Asherah :

> *v. 4 : Accusez, accusez votre mère, car elle n'est pas ma femme, et je ne suis pas son mari !*
> *Qu'elle ôte de son visage les signes de sa prostitution, et d'entre ses seins les marques de son adultère !*
> *v. 5 : Sinon, je la déshabillerai entièrement, je la mettrai comme au jour de sa naissance, je la rendrai semblable au désert, je la ferai devenir comme une terre desséchée, je la ferai mourir de soif ;*
> *v. 6 : Je n'aurai pas de compassion de ses fils, car ce sont des fils de la prostitution*[140].

---

138. SIEGEL (Benjamin), *Asherah Alienated: A Gender-Discursive Analysis of the Goddess and her Cult(s) in Ancient Israel*, thèse de master en arts dans les religions, Bible hébraïque et histoire du Proche-Orient ancien, The Claremont School of Theology, Californie.
139. WHITT (William), « The divorce of Yahweh and Asherah in Hos 2,4-7.12ff », in *Scandinavian Journal of the Old Testament*, vol. 6, 1992, p. 31-67.
140. *La Nouvelle Bible Segond. Édition d'étude*, Alliance biblique universelle, 2002.

Pourtant, son culte a été un culte royal comme celui de YHWH. Elle a eu sa statue dans le Temple de Jérusalem sous les règnes de Salomon, de son fils Roboam, suite à des mariages avec des princesses originaires de Sidon. La dévote la plus célèbre d'Astarté/Asherah est Jézabel de Tyr, l'épouse du roi de Samarie, Achab (roi de - 874 à - 853 environ). La reine est dépeinte comme une femme tyrannique, manipulatrice ainsi que la persécutrice du culte des Hébreux. Son grand adversaire fut le prophète Élie qui s'opposa à l'introduction du culte de Baal et d'Asherah dans le royaume[141]. La dynastie de son époux fut massacrée et Jézabel défenestrée lors du coup d'État de Jéhu[142]. Le culte de la déesse fut éradiqué dans le royaume de Juda par la réforme du roi Josias[143] (- 640 à - 609 environ).

Asherah partage plusieurs prérogatives avec Inanna, c'est la Reine du Ciel, la très sainte, ce sont toutes les deux des déesses de la Fertilité. Elles ont pour symbole le lion et le serpent, mais Asherah est une déesse-mère contrairement à Inanna. En ce qui concerne la prostitution, elle est assumée du côté d'Inanna tandis que pour Asherah, il s'agit d'un moyen trouvé pour l'exclure du culte des Hébreux.

---

141. Ce qui s'est sans doute passé, c'est que la reine a voulu faire du culte de Baal et d'Asherah un culte royal, et a tenté de se débarrasser des prophètes de YHWH qui étaient contre.

142. L'historicité de ce passage biblique n'est pas prouvée. Les archéologues ont trouvé un sceau qui pourrait être le sien, mais il est très abîmé. Il s'agit plus d'une histoire pour raconter la chute de la dynastie des Omrides ainsi que le danger que représentaient les femmes et les cultes étrangers.

143. Lors de la restauration du Temple, le grand prêtre découvrit un exemplaire complet du livre de la Loi. Le roi Josias, ému à la lecture et pour sauver son peuple qui s'était perdu dans l'idolâtrie, décida de bannir tout ce qui ne relevait pas du culte de YHWH. Cette « découverte », qui tombait à point nommé pour le roi, lui permit de légitimer la purge contre les prêtres, prêtresses et les sanctuaires des dieux étrangers dans son royaume.

Nous arrivons à la fin de ce bref aperçu des trois grandes déesses phéniciennes : Anat, Asherah et Astarté, et l'on voit de nombreux parallèles entre elles et Inanna, que ce soit la virginité, la guerre, la vie ou la sainteté. Des parallèles existent également entre les mythes, comme avec Anat et Aqhat ou Ištar et Gilgameš. Au Ier millénaire avant notre ère, les similitudes entre ces divinités et Ištar sont évidentes[144]. Cependant, entre les déesses phéniciennes et Inanna, les différences sont plus marquées. Inanna est la garante d'un ordre établi et non la protectrice d'une divinité. Son rôle en tant que parèdre d'un grand dieu comme An ou Enlil[145] n'est pas ce qui la caractérise et contrairement à Asherah et Anat. Enfin, Inanna n'a pas d'attache particulière avec la mer dans la mythologie sumérienne. Par contre, chez les Hourrites, il y a bien un mythe qui rattache Ištar à la mer : le chant de Hedammu. De mon point de vue, la souveraineté divine, la royauté humaine et l'aspect guerrier sont un socle commun entre cette « trinité féminine » phénicienne et Inanna, bien plus que la sexualité. Il y a des reflets d'Inanna dans ces divinités, mais les points de comparaisons restent limités. Il ne semble pas qu'il y ait chez les déesses phéniciennes une transgression aussi marquée des genres et des rôles que chez Inanna.

144. Notamment les similarités entre Anat/Astarté/Baal et les deux Ištar (Ninive et Abèles) et Marduk. Ištar est vraiment beaucoup plus proche de ces déesses qu'Inanna.
145. Dumuzi est son époux, mais leur relation est particulière, ils ne sont pas souvent ensemble, ils ne vivent pas sous le même toit et Dumuzi est présenté comme un roi déifié devenu un dieu de l'abondance. Ce n'est pas un dieu qui punit et récompense comme le font habituellement les dieux. Il incarne une force de vie et de la puissance comme Inanna, mais il ne fait pas grand-chose pour un dieu comparé au reste du panthéon.

Chapitre 5

Culte

Le but n'est pas de dresser une liste exhaustive des temples et du personnel d'Inanna, ça serait long, fastidieux et sans grand intérêt. Il est préférable de s'attarder sur quelques fonctions sacerdotales féminines et masculines en Mésopotamie, toutes divinités confondues. Mais avant, il est nécessaire de revenir sur la réputation sulfureuse de la Mésopotamie.

Fantasmes et réalités autour de Babylone et de la prostitution

La prostitution sacrée et le mariage sacré sont en quelque sorte les deux obsessions de l'assyriologie. Cependant, les avancées dans la recherche mettent de plus en plus à mal les affirmations des premiers assyriologues et les fantasmes de l'Occident. Le lien entre sexualité débridée et Proche-Orient est ancien, et deux textes ont particulièrement marqué les pensées antiques et modernes. Le plus célèbre est la Bible avec le livre de l'Apocalypse (Ap17 : 4-5) :

> *v. 4 : Cette femme était vêtue de pourpre et d'écarlate, parée d'or, de pierres précieuses et de perles. Elle tenait dans sa main une coupe d'or, pleine des abominations et des impuretés de sa prostitution.*
> *v. 5 : Sur son front était écrit un nom, un mystère : Babylone la Grande, la mère des prostituées et des abominations de la terre*[146].

146. *La Nouvelle Bible Segond. Édition d'étude, op. cit.*

Le texte biblique indique un peu plus loin que « les rois de la terre se sont prostitués avec elle ».

Dans la Bible, Babylone est le symbole de la décadence, de la luxure, de l'orgueil et de la corruption des hommes. Elle est la ville de l'exil forcé après la prise de Jérusalem en 597 AEC. Elle cristallise tout ce qui est honni par les anciens Hébreux. La Grande Prostituée peut se référer à tous les cultes étrangers et peut être interprétée de diverses manières, car dans la pensée biblique, celui ou celle qui se détourne de YHWH se prostitue.

Le deuxième texte est celui d'Hérodote, un homme de culture grecque du ve siècle avant notre ère qui parcourut le monde connu de son époque. Son œuvre majeure, *Histoires,* narre le récit de ses voyages et des guerres médiques. Dans le livre I, il écrit ceci :

> *Les Babyloniens ont une loi bien honteuse. Toute femme née dans le pays est obligée, une fois dans sa vie, de se rendre au temple d'Aphrodite, pour s'y livrer à un étranger. [...] Quand une femme a pris place en ce lieu, elle ne peut retourner chez elle que quelque étranger ne lui ait jeté de l'argent sur les genoux, et n'ait eu commerce avec elle hors du lieu sacré. Il faut que l'étranger, en lui jetant de l'argent lui dise : J'invoque la déesse Mylitta. Or, les Assyriens donnent à Aphrodite le nom de Mylitta*[147].

Il y a bien une déesse appelée Millissu, c'est l'un des noms de l'Ištar de Ninive à l'époque néo-assyrienne[148]. Cependant, ni l'archéologie ni les textes ne valident ce qui dit Hérodote : toutes les femmes ne se prostituaient pas dans les temples. Il y avait peut-être des prostituées, mais aucune loi n'imposait la prostitution dans les

147. Hérodote, *Histoires,* Clio, livre I, CXCIX, traduit par Pierre-Henri Larcher, Musier, Paris, 1786.
148. Charpin (Dominique), *La Vie méconnue des temples mésopotamiens,* coll. « Docet Omnia », Collège de France, Les Belles Lettres, Paris, 2017, p. 136.

enceintes sacrées. Hérodote dit aussi qu'il a assisté à des « mariages aux enchères » où, une fois l'an, les jeunes filles étaient vendues aux plus riches Babyloniens en âge de se marier, mais là aussi aucune preuve archéologique n'a été trouvée. Hérodote est un Grec de son temps, pour qui la Mésopotamie est « exotique » avec des peuples orientaux où les genres s'inversent : les hommes sont efféminés et mous comme Sardanapale[149] et des femmes comme Sémiramis sont bâtisseuses, guerrières, sensuelles et elles aiment le pouvoir. Ce que rapporte Hérodote, c'est la vision qu'avaient les Grecs, et les Romains après eux, de « l'Orient » : une débauche de luxe et de luxure, et c'est un stéréotype qui perdurera longtemps en Occident.

D'ailleurs cette vision fantasmée de l'Orient est flagrante quand on lit ce qu'écrit Hérodote sur l'ensemble des lois babyloniennes. La prostitution n'est qu'une petite partie de ses préjugés sur le sujet. Par exemple selon lui, « la plus sage des coutumes » des Babyloniens consistait à exposer les malades sur la place publique parce qu'il n'y avait pas de médecins à Babylone. Si quelqu'un avait eu les mêmes symptômes, il devait donner son avis sur la manière de guérir et il n'était pas permis de passer à côté d'un malade sans lui demander son mal. Il écrit aussi que les Babyloniens conservaient les morts dans du miel (tradition égyptienne) et qu'ils avaient l'obligation de se purifier après l'amour (tradition hébraïque). Absolument rien dans les textes ni dans les découvertes archéologiques ne corrobore les affirmations d'Hérodote sur ces coutumes. Il s'est contenté de rapporter les préjugés et les « on dit » de son époque sur les mœurs des Orientaux et de

---

149. Personnage mythologique mentionné par Ctésias de Cnide, inspiré du roi assyrien Assurbanipal. Considéré comme le dernier roi d'Assyrie, il est décrit comme débauché, mou, efféminé et bisexuel. Sémiramis est une reine légendaire également mentionnée par Ctésias. Femme de pouvoir, fondatrice de Babylone et de ses « jardins suspendus ».

présenter l'ensemble comme des lois babyloniennes. Rappelons qu'à l'époque d'Hérodote, Babylone était une ville florissante de l'Empire perse, il aurait pu obtenir des informations valables s'il l'avait voulu.

Pour en revenir à la prostitution, cette question soulève de vifs débats entre les assyriologues tenants d'une prostitution sacrée ou profane et ceux qui soutiennent que les deux sont un mythe historiographique. À l'heure actuelle, il n'y a pas de consensus et je vais me contenter de présenter les arguments pour et contre.

La prostitution sacrée se définit comme la vente de services sexuels sous l'égide d'une divinité et en Mésopotamie, la patronne du sexe, c'est Inanna. Le problème, c'est que l'expression « prostitution sacrée » a été employée pour diverses pratiques allant du rite du Nouvel An aux prêtresses émancipées d'une tutelle masculine, en passant par des erreurs de traductions et de compréhension de la fonction des fameuses *qadištu.* Telle est la position tenue par certains chercheurs comme Julia Assante[150] qui nie l'existence d'une telle pratique et qui nie même l'existence d'une quelconque forme de prostitution en Mésopotamie. Elle accuse les philologues, les linguistes et les historiens du XIXe siècle d'avoir eu une vision patriarcale empreinte de culture biblique qui a biaisé leur travail sur la condition féminine et la question de la prostitution. D'autres chercheurs, comme Jerrold Cooper ou Morris Silver[151], s'appuient également sur les textes pour démontrer que la prostitution existait bel et bien en Mésopotamie. Comme l'a écrit Joan Goodnick Westenholz dans son article « Tamar, Qedeša, Qadištu, and sacred prostitution in Mesopotamia » :

150. Assante (Julia), « The KAR.KID/Harimtu, Prostitute or Single Woman? A Reconsideration of the Evidence », in *Ugarit-Forschungen*, 30, Münster, 1998, p. 5-96.
151. Silver (Morris), « Temple/Sacred Prostitution, in Ancient Mesopotamia Revisited Religion in the Economy », in *Ugarit-Forschungen*, 38, Münster, 2006, p. 631-663.

« “La prostitution sacrée” est un amalgame d’idées fausses, de présuppositions et d’erreurs[152]. »

Essayons donc de faire le tour de la question en regardant la place des femmes dans la société et en présentant des fonctions sacerdotales féminines. Nous aborderons également la prêtrise masculine. Le plus instructif est d’aborder le clergé par le prisme de la sexualité et du genre sans se restreindre au clergé d’Inanna pour garder comme fil directeur le cas de la « prostitution » dans les temples et la société mésopotamienne.

Femmes et société

La femme à Sumer et en Mésopotamie

La civilisation mésopotamienne était une société qui se pensait au masculin. Le mot sumérien pour désigner l’humanité est *lulu* (les hommes). C’est la même chose en français où le terme « homme » désigne également l’humanité. Les Sumériens et le reste des Mésopotamiens formaient donc une société patriarcale où la femme avait un statut légal inférieur aux hommes. Elle pouvait avoir trois statuts sociaux différents :

- être sous l’autorité d’un père ou d’un mari ;
- être une esclave ;
- être une *harimtu.*

Être sous l’autorité d’un homme était la norme pour une femme. Elle passait de l’autorité de son père à celui de son mari. Son rôle était de prendre soin de son foyer, d’enfanter et de rester dans la sphère

152. « *“Sacred prostitution” is an amalgam of misconceptions, presuppositions, and inaccuracies* », in Goodnick Westenholz (Joan), « Tamar, Qedeša, Qadištu, and Sacred Prostitution in Mesopotamia », in *The Harvard Theological Review*, vol. 82, n° 3, Cambridge University Press, 1989, p. 245-265.

privée. Les mariages étaient arrangés par les parents, mais une femme sumérienne pouvait décider de se marier par amour, d'avoir des relations sexuelles sans être mariée ou encore de divorcer si elle n'était pas heureuse en ménage. Elle gérait le commerce ou les affaires de son mari quand celui-ci était absent. Elle avait également la possibilité de travailler. De nombreux métiers étaient ouverts aux femmes : scribe, musicienne, commerçante, tisserande, meunière, apothicaire, prophétesse, cuisinière, forgeronne, etc[153]. La société sumérienne était donc patriarcale tout en laissant une grande liberté aux femmes, la période néo-sumérienne est même une sorte d'âge d'or pour la femme sumérienne.

Il existait une grande disparité des droits de la femme entre le nord et le sud de la Mésopotamie et selon les époques. Le nord a été plus patriarcal et défavorable aux femmes que le sud, mais même là, il y a beaucoup de nuances à apporter. Jusqu'à preuve du contraire, il n'y a jamais eu d'égalité homme/femme en Mésopotamie. La société mésopotamienne est devenue très misogyne dès la fin de la période paléo-babylonienne. Il n'y a donc pas un statut de la femme en Mésopotamie, mais des statuts selon les époques et les régions.

Les kar-kid (harimtu) *: un statut social ?*

Une *harimtu* (*kar-kid* en sumérien) est, selon Julia Assante[154], un statut social marginal assez flou communément traduit par prostituée. Or, selon cette chercheuse, les *kar-kid/harimtu* n'étaient pas des prostituées, mais des femmes adultes et libres, financièrement indé-

---

153. Scurlock (Johann), « The Status of Women in Ancient Mesopotamia », in Cannistraro (Philip) et Reich (John) [dir.], *The Western Perspective: A History of Civilization of the West*, Harcourt Brace College Publishers, 1999, p. 62-64.
154. Assante (Julia), « The KAR.KID/Harimtu, Prostitute or Single Woman? A Reconsideration of the Evidence », *op. cit.*, p. 5-96.

pendantes et hors du système patriarcal (c'est-à-dire non rattachées à la maison d'un père ou d'un mari). Véronique Grandpierre va dans son sens en indiquant que *harimtu* renvoie à « quantité de situations sociales et économiques bien différentes[155] », et que la définition d'une *harimtu* a pu évoluer dans le temps[156].

La dispute est rude et le débat toujours ouvert puisque *kar* peut se traduire par « quai » ou par « statut d'une personne sans famille ». Une *kar-kid* était soit « celle qui travaille sur le quai », qui serait la version antique de « faire le trottoir », soit « celle qui est à part », c'est-à-dire une femme célibataire et libre. La société mésopotamienne était bien plus complexe et nuancée que l'on ne le pense et faire des *kar-kid* des prostituées est sans nul doute réducteur. Ce terme, dans les textes administratifs et législatifs, désigne avant tout une femme célibataire, sexuellement mature et hors du système patriarcal, qu'elle soit jeune fille, femme indépendante, religieuse ou prostituée. Julia Assante souligne qu'il existe un masculin de *harimtu* dans les textes littéraires : *harmu*. Il désigne un homme célibataire et il est souvent utilisé pour qualifier Dumuzi, l'époux d'Inanna. Les assyriologues traduisent *harmu*[157] par « amant », mais ils choisissent de traduire *harimtu* par « prostituée ».

---

155. Grandpierre (Véronique), *Sexe et Amour de Sumer à Babylone*, coll. « Folio Histoire », n° 195, Gallimard, Paris, 2012, p. 81.

156. Véronique Grandpierre prend comme exemple le mot « garce » qui désignait une fille des basses couches de la société sans connotation négative et qui a évolué pour devenir une insulte. *Harimtu* a pu suivre la même évolution.

157. À ce sujet, Morris Silver rappelle qu'*harmu* est un mot littéraire, il n'existe pas de statut social pour les hommes non mariés en Mésopotamie contrairement aux femmes. *Harmu* ne peut donc pas servir à justifier la position de Julia Assante sur les *harimtu*. On peut répondre à Morris Silver que pourtant, il y a clairement un parti pris dans la traduction des termes, l'un est péjoratif et l'autre non. Silver (Morris), *Temple/Sacred Prostitution, in Ancient Mesopotamia Revisited Religion in the Economy, op. cit.*, p. 631-663.

Les femmes des temples pouvaient être qualifiées de *harimtu* quand elles étaient célibataires et qu'elles vivaient en dehors de la coupe d'un mari ou d'un père. Toutes les femmes non mariées n'étaient pas forcément des prostituées et toutes les prêtresses/religieuses n'étaient pas forcément des prostituées, ce sont là des préjugés. Malheureusement, ceux-ci perdurent encore dans les milieux universitaires. Cependant, il faut éviter de basculer dans l'extrême inverse en niant totalement l'existence des prostituées en Mésopotamie, comme le fait Julia Assante.

La harimtu *: la prostituée des tavernes ou maîtresse d'un homme ?*

Harimtu/kar-kid, en plus d'être un possible statut social, peut être compris comme « prostituée », comme par exemple dans ce *širnamšub* (hymne) dédié à Inanna :

> *Quand je m'assois à la porte d'une taverne, je suis une prostituée* (kar-kid) *qui connaît le pénis, l'amie d'un homme, la voisine d'une femme*[158].

La taverne *(eš$_2$-dam)* est le lieu où les hommes et les femmes pouvaient boire de la bière, faire des affaires, parler politique et avoir des relations sexuelles. Les archéologues ont trouvé des plaques représentant une taverne où une femme sirote une bière avec une sorte de paille tout en aidant un homme à la pénétrer par derrière. La taverne est le lieu de l'ivresse et du plaisir, qu'ils soient dus à la bière ou au sexe, car de toute manière les deux sont liés. Véronique Grandpierre

---

158. « A *šir-namšub* to Inana », in *ETCSL,* t. 4.07.9, v. 20-22, consultable sur http://etcsl.orinst.ox.ac.uk/cgi-bin/etcsl.cgi?text=t.4.07.9#

présente un extrait d'un poème de l'époque du roi Šu-Sîn[159] qui montre très bien le lien entre les deux :

> *Mon dieu, la cabaretière, sa bière est douce !*
> *Et sa vulve est douce comme sa bière – et sa bière est douce !*
> *Sa vulve est douce comme toutes ses bouches – et sa bière est douce*[160] *!*

Est-ce que ces relations étaient tarifées dans les tavernes ? Les assyriologues n'en savent rien. Il n'y a pas de registres comptables parlant de recettes de la prostitution. Il est donc tout à fait possible que des prostituées officiassent dans les tavernes tout autant que sur les quais.

Il existe d'autres informations qui peuvent également éclairer le rôle des tavernes et des *harimtu*. Jean-Jacques Glassner[161] rappelle que la polygynie était pratiquée de l'époque sumérienne jusqu'à l'époque assyrienne. L'épouse est le symbole de la fertilité et de la fidélité. Elle est cantonnée à l'espace domestique et ne peut sortir de chez elle que la tête couverte. Un homme pouvait également avoir une maîtresse qui pouvait avoir un statut de seconde épouse sans pour autant vivre dans la maison de son amant. Cette seconde épouse/petite amie était une femme qui pouvait évoluer dans l'espace public, et être autonome financièrement. La *harimtu* était une « fille de la rue », contrairement à l'épouse qui était dans la maison. Il n'est donc pas question de prostitution dans ces cas-là, mais de différencier les espaces privés et publics.

---

159. Quatrième roi de la IIIe dynastie d'Ur qui régna environ entre 2037 et 2029 avant notre ère.
160. Grandpierre (Véronique), *Sexe et Amour de Sumer à Babylone*, *op. cit.*, p. 192.
161. Glassner (Jean-Jacques), « Polygynie ou prostitution ? : une approche comparative de la sexualité masculine, », in Parpola (S.), Whiting (R. M.) [dir.], *Sex Gender in the Ancient Near East: Proceedings of the 47th Rencontre assyriologique internationale*, Helsinki, 2-6 juillet 2001, The Neo-Assyrian Text Corpus Project, Helsinki, 2002, p. 151-164.

Quant aux *kar-kid* des tavernes, il s'agirait pour Jean-Jacques Glassner du statut d'une femme dont « la sexualité n'est pas bridée par les lois et les contraintes de la société[162] » et qui pouvait être la concubine d'un homme, mais elle n'était pas autorisée à vivre sous le même toit que celui de l'épouse. Toujours d'après ce chercheur, les tavernes étaient liées aux temples d'Inanna/Ištar et il se demande si les tavernes ne jouaient pas un rôle semblable aux cabarets de « dolo » en Afrique[163]. Ces tavernes étaient des lieux d'accueil pour les femmes divorcées, séparées, etc., qui pouvaient trouver dans ces institutions un emploi et la sécurité de vivre dignement. N'étant pas sous la tutelle d'un père ou d'un mari, elles étaient donc des *harimtu*. Elles étaient alors libres de choisir leurs amants à l'image de la déesse Inanna.

Les tavernes seraient donc un espace de vie sociale. Un lieu où les individus pouvaient se rencontrer, choisir une compagne ou un compagnon pour la nuit, tout en ayant la possibilité de faire des affaires, discuter politique et boire de la bière. C'était un lieu où la politique, l'économie et le plaisir se mélangeaient. Il est difficile de comprendre ce que représentaient ces lieux, ce qui est certain, c'est qu'ils étaient liés au plaisir (sexe et boisson), mais en faire des bordels – comme c'est régulièrement le cas est loin de la vérité historique.

---

162. Glassner (J-J), *op. cit.*, p. 156.

163. Ce sont des maisons de la bière et du mil, tenues par des veuves, des femmes seules chassées de chez elles ou fuyant leur village.

Femmes et religion[164]

Il existe un terme en akkadien pour désigner les femmes au service d'un temple : *ugbabutum*. Cependant, toutes les femmes n'avaient pas une fonction sacerdotale, on ne peut donc pas parler uniquement de prêtresses, mais aussi de religieuses, même si le terme n'est pas vraiment approprié. Les prêtresses sont appelées *en* ou *entu*, *nin-dingir*, *nin*, *dam* et il y avait aussi des titres locaux. À l'époque néo-sumérienne, on trouve également des religieuses dédiées à un roi divinisé. Toutes époques confondues, à la tête d'un temple d'un dieu, on trouvait une grande prêtresse et à la tête d'un temple d'une déesse, un grand prêtre. Les grandes prêtresses étaient logées dans le *gipar*, des appartements jouxtant le temple à l'intérieur des enceintes sacrées. Elles avaient trois fonctions : l'une administrative, c'est-à-dire gérer le temple, une fonction cultuelle comme s'occuper des rites de purification et enfin, une fonction économique puisqu'elles géraient et menaient des affaires au nom de leur divinité ou en leur nom propre.

À côté de la grande prêtresse, il y a aussi des prêtresses de rang inférieur. Certaines vivaient en groupe et d'autres étaient isolées. Ces femmes étaient les prêtresses d'un dieu, mais aussi des femmes lettrées et cultivées issues de la famille royale ou des familles de notables. Il y avait aussi un ordre qui s'apparentait à un ordre religieux, les *lukur* ou *naditum* en akkadien, dont je vais parler plus en détail.

Les prêtresses et les religieuses avaient un rôle commun : celui de prier et de faire des offrandes pour leur famille. Elles devaient donc

164. Je reprends ici les cours de Dominique Charpin au Collège de France qui aborde la place des femmes dans les temples mésopotamiens. Voir Charpin (Dominique), *Les Temples en Mésopotamie : approche fonctionnelle*, Collège de France, cours du 8/10/2014 au 21/01/2015. Consultables sur https://www.college-de-france.fr/site/dominique-charpin/course-2014-2015.htm

intercéder auprès des dieux pour leurs proches. Les prêtresses avaient en plus un rôle cultuel.

La place des femmes dans la religion mésopotamienne a connu une nette cassure. Entre le IIIe millénaire et la première moitié du IIe millénaire, les femmes étaient très présentes dans la vie des temples, mais à partir de la seconde moitié du IIe millénaire, elles vont être marginalisées, voire exclues d'une grande partie du culte[165].

Les lukur *ou* naditum

Lukur est un mot sumérien composé des signes SAL et ME (femme et décrets divins). Ce terme apparaît dès la période des dynasties archaïques et peut être lu comme *išib*, c'est-à-dire « purificateur ».

Dans leur forme ancienne, les *lukur* seraient des femmes de la cour chargées des soins personnels du roi et de son entourage. Elles n'avaient pas le droit de se marier et d'enfanter.

Le terme a évolué et il est devenu un synonyme de DAM (épouse)[166]. Le titre pouvait être porté par des femmes de hauts fonctionnaires royaux et par des épouses d'un roi divinisé. Par exemple, Šulgi[167], un roi d'Ur, avait des épouses *lukur*. Enfin, *lukur* ou *naditum* en akkadien désigne également des femmes vouées à une divinité masculine. Généralement, ces femmes étaient vouées au dieu majeur

165. Les femmes ne disparaissent pas totalement de la religion, les femmes prophétesses ou devineresses sont attestées jusqu'au Ier millénaire avant notre ère et très souvent vouées à Ištar. Si on compare le clergé de l'époque paléo-babylonienne à celui de l'époque néo-assyrienne ou néo-babylonienne, elles sont cependant bien moins représentées. Voir CHARPIN (Dominique), *Les Temples en Mésopotamie : approche fonctionnelle*, Collège de France, cours du15 octobre 2015. Consultable sur https://www.college-de-france.fr/site/dominique-charpin/course-2014-2015.htm

166. BARBERON (Lucile), *Les Religieuses et le culte de Marduk dans le royaume de Babylone*, coll. « Mémoires de NABU », n° 14, SÉPOA, Paris, 2012, p. 2, note 2.

167. Un roi de la IIIe dynastie d'Ur qui régna environ de 2094 à 2047 avant notre ère.

d'une cité et issues de la famille royale ou de la noblesse de la ville. Ainsi, durant la période paléo-babylonienne, des *lukur/naditum* sont attestées dans les temples de :

- Ninurta (divinité guerrière et de la fertilité) à Nippur ;
- Marduk (roi des dieux babyloniens) à Babylone ;
- Šamaš (nom akkadien du dieu soleil) à Sippar ;
- Šara (divinité mineure de la guerre et fils d'Inanna) à Umma ;
- Zababa (divinité guerrière, époux d'Ištar) à Kiš ;
- etc.

Elles étaient des épouses secondaires des dieux. Il semblerait que le mariage ou le célibat de ces femmes dépendait des villes et des divinités. D'après le mythe d'Atrahasis (le Noé akkadien), les *naditum* ont été créées avec l'interdiction d'enfanter. C'était une décision divine pour limiter le nombre des humains. Malgré cette interdiction, les *naditum* de Marduk pouvaient se marier et adopter, contrairement à celles de Šamaš et de Ninurta.

Ces femmes n'étaient pas des prêtresses, elles n'avaient aucun rôle cultuel. Elles formaient un groupe social que l'on peut comparer aux béguines[168]. Les *naditum* vivaient dans un quartier séparé du reste de la ville (le *gagum*), dans des maisons individuelles, tout en étant consacrées à un dieu. Elles jouissaient d'un grand prestige et d'une très haute position sociale. Les *naditum* étaient indépendantes financièrement, elles recevaient une dot de leur famille quand elles intégraient l'ordre et possédaient même des terres. Elles étaient libres de signer des contrats, d'emprunter de l'argent, de mener des tran-

168. Communautés féminines religieuses laïques. Les femmes vivaient dans des maisons individuelles autour de la chapelle. Elles respectaient des règles religieuses sans être cloîtrées.

sactions commerciales, d'influencer la politique du palais, etc. Cependant, elles étaient sous la responsabilité d'un homme : le *gula* qui dirigeait la communauté.

Au Ier millénaire, alors qu'elles ont disparu depuis longtemps, elles sont assimilées à des sorcières et à des prostituées dans les exorcismes.

Les nu-gig (qadištu)

Tout comme la *lukur*, la fonction de *nu-gig* remonte aux dynasties archaïques. La *nu-gig/qadištu* fut longtemps « la sacro-sainte prostituée sacrée » de l'assyriologie. Si elle a gardé son aura sulfureuse dans le néopaganisme et dans la culture populaire, il s'avère qu'elles n'étaient ni consacrées à Inanna ni des prostituées. Comme les *naditum*, les *qadištu* s'organisaient en un groupe social particulier dédié à une divinité masculine. En l'occurrence, elles étaient souvent vouées à Adad, le dieu de l'Orage et de la Fertilité, ainsi qu'à sa parèdre Šala. Les *qadištu* pouvaient avoir des enfants, se marier, posséder des biens, etc. Elles étaient principalement des sages-femmes, des nourrices et des purificatrices. Elles ont été considérées comme des prostituées par les assyriologues à cause de l'hébreu קָדֵשׁ (racine קדשׁ : saint) qui signifie « prostituée, hiérodule » dans 1R15:12 et Os4:14. Ce mot désigne les prêtresses des cultes étrangers, mais qui n'ont rien à voir avec les *nu-gig/qadištu* mésopotamiennes. Les *qadištu* étaient des accompagnatrices d'un rite de transition, elles s'occupaient de la mère et de l'enfant et les soignaient. Elles étaient tout autant liées à la vie qu'à la mort, car les accouchements étaient risqués. Une de leurs fonctions consistait à chanter et à jouer de la musique pour la mère et à couper le cordon ombilical de l'enfant. Elles étaient des prêtresses de la fertilité, initiées aux secrets de la naissance, de la purification et de la guérison, et de toute évidence, elles bénéficiaient d'un statut particulier et très haut placé dans les cultes mésopotamiens. On peut dire qu'elles étaient saintes pour les dieux et taboues pour les hommes[169], parce qu'elles étaient séparées du reste de la population pour éviter les souillures spirituelles. Il est très étonnant de voir que la traduction de *nu-gig* est toujours « hiérodule » quand il s'agit d'Inanna et « sage-femme » dans les autres cas. Comme les *naditum*, elles finiront par disparaître après la période paléo-babylonienne et elles auront une réputation de prostituées et de sorcières[170] au Ier millénaire avant notre ère.

Les fonctions de sage-femme ou de nourrice d'Inanna n'apparaissent pas dans les textes mythologiques, hormis lorsque ses titres sont énumérés. Cet aspect est beaucoup plus développé dans les mythes avec Ištar qui est même assimilée à une déesse-mère.

Cependant, on peut retrouver des indices des fonctions de *nu-gig* d'Inanna dans un texte en particulier, intitulé *Enki et Ninmah,* qui raconte comment l'homme fut créé pour travailler à la place des dieux. Enki, le dieu sage, écoute les conseils de sa mère, la déesse-mère Nammu, et lui propose de travailler avec Ninmah, une autre déesse-mère pour créer à partir de l'argile de l'Abzu un homme. Nammu et Ninmah sont les deux grandes déesses-mères des Sumériens, et Enki leur affecte huit déesses qui les assisteront : Ninimma, Šuziadanna, Ninmada, Ninšara, Ninbara, Ninmug, Dududuh et Erešguna[171].

---

169. Dans le sens où la naissance était une affaire de femmes et les hommes n'y avaient pas leur place.

170. Les sages-femmes du Moyen Âge connaîtront cette même diabolisation. Dans *Le Marteau des sorcières* (1486), Heinrich Kramer et Jacob Sprenger écriront que les « sages-femmes surpassent toutes les sorcières par leurs crimes ». Voir Leroy (Fernand), *Histoire de naître. De l'enfantement primitif à l'accouchement médicalisé,* De Boeck Supérieur, Louvain-la-Neuve, 2001.

171. Ce sont les noms retranscrits par Thorkild Jacobsen, mais on peut trouver d'autres lectures des noms comme : Ninimma, Šuzianna, Ninmada, Ninbara, Ninmug, Musgaba et Ninguna.

Or, trois d'entre elles ont été assimilées plus tard à la déesse Inanna : Ninšara, Ninbara, Erešguna. Cette assimilation est intéressante, car le côté maternel d'Inanna apparaît peu dans la littérature. On peut rattacher cet aspect à son côté « éducatrice », parce qu'Inanna, par le pouvoir de la sexualité, apprend aux hommes la vie sociale.

Il existe d'autres types de prêtrises ou ordres féminins, comme les *ugbabtu*, les *nin-dingir* ou les *kulmašitu* qui ont également été assimilées à des prostituées. Pourtant, comme les *naditum* et les *qadištu*, ces ordres ou fonctions étaient associés à une divinité masculine et leur sexualité était contrôlée.

D'autres ordres sont aussi associés à une divinité féminine et une sexualité libre : les *harimtum* (dont nous avons déjà parlé), les *samhatu* ou encore les *kezertu*[172].

La prostitution sacrée

Définition et réalité

La prostitution sacrée est le fait pour un homme ou une femme d'offrir des services sexuels contre rémunération qui sera reversée à la divinité. Généralement, on confond le mariage sacré qui relève des rites royaux avec la prostitution dans les temples. Ce sont deux choses très différentes.

Ensuite, il y a une confusion sur le terme « sacré ». La prostitution était sacrée parce qu'elle se déroulait dans le temple ou sous l'égide d'un temple avec des prostituées (esclaves ou femmes libres). La vision mystique de la prêtresse-prostituée-magicienne à la sensualité troublante et mystérieuse qui initie à un savoir secret au fond d'un temple est donc un mythe historiographique. Il n'y avait pas d'union magique ou un « tantrisme » sexuel mésopotamien dans les tavernes

172. Goodnick Westenholz (Joan), « Tamar, Qedeša, Qadištu, and Sacred Prostitution in Mesopotamia », *op. cit.*, p. 245-265.

des temples. Elle était une activité lucrative pour les temples, quelle que soit la divinité (Vénus, Aphrodite, Inanna…). Derrière la prostitution dite sacrée, il y a des réalités économiques, culturelles et sociales que l'on ne peut pas nier[173].

Pas de sacré dans la sexualité ?

Pour la société mésopotamienne, toutes les activités revêtaient un caractère sacré : tisser le lin, brasser de la bière, mouler des briques, etc. La sexualité n'y échappait pas, elle avait un caractère sacré, puisque c'est elle qui permettait d'avoir de l'entendement, d'être véritablement déniaisé. Est-ce que cela se passait dans les temples ? Non, personne n'était obligé de perdre sa virginité avec une prêtresse ou un prêtre.

La prostitution dans les temples mésopotamiens

Il est très probable qu'il y eut des prostituées dans les temples d'Inanna/Ištar. Les temples de la déesse pouvaient avoir pour nom « taverne pure » ou « maison, vigueur sexuelle du ciel ». Dominique Charpin[174] démontre que les temples de Gula, la déesse de la Médecine, fonctionnaient comme des centres de cure, que les temples de Nisaba, déesse de l'Écriture, servaient d'école pour les scribes. Les temples de Nungal servaient de prison et les temples du dieu Kittum servaient de bureau de contrôle des poids et mesures. Pourquoi les temples de la déesse de la Sexualité ne feraient-ils pas office de taverne ? Malheureusement, dans les plans des temples, rien n'indique des espaces dédiés à la prostitution. Quant aux registres comptables, on ne trouve pas de recettes réalisées par une quelconque prostitution.

---

173. Silver (Morris), « Temple/Sacred Prostitution, in Ancient Mesopotamia Revisited Religion in the Economy », *op. cit.*, p. 631-663.
174. Charpin (Dominique), *La Vie méconnue des temples mésopotamiens, op. cit.*

Cependant, on trouve des indices sur la prostitution dans les temples. Par exemple, cet hymne à Nanaya nous donne les tarifs des passes :

> *Quand je suis contre un mur, c'est un sicle d'argent*
> *Je me penche pour un sicle et demi*[175].

Les šamhatum : la prostituée dans la littérature

Les textes littéraires sont également des sources d'informations sur la prostitution. Par exemple, l'*Épopée de Gilgameš* parle de Šamhat, la courtisane qui civilise l'homme sauvage Enkidu. Ce texte est souvent cité comme preuve d'une prostitution sacrée avec une forme de tantrisme magique. Pourtant ce n'est pas ce que dit le texte. Ce qui est mis en avant, c'est le pouvoir transformateur de la sexualité. Enkidu passe de l'enfance (inexpérimenté sexuellement) à l'âge adulte (expérimenté sexuellement). Il passe de la vie sauvage à la civilisation. Il ne devient pas un surhomme, il devient simplement un homme civilisé comme l'entendaient les Mésopotamiens.

Nous trouvons aussi un autre passage intéressant du mythe :

> *Alors Ištar réunit les kezertu, les šamhatu et les harimatu pour se lamenter sur l'épaule du Taureau Céleste*[176].

C'est très intéressant, car ces femmes sont également associées aux lamentations, il y a donc un aspect cultuel qui apparaît dans cet extrait. Les *šamhatum* sont également présentes dans la descente d'Ištar, la version akkadienne du mythe d'Inanna :

---

175. « A *balbale* to Inana as Nanaya », in *ETSCL*, t. 4.07.8, v. 20 A et 20 B, consultable sur http://etcsl.orinst.ox.ac.uk/cgi-bin/etcsl.cgi?text=t.4.07.8#

176. Bottéro (Jean), *L'Épopée de Gilgameš. Le grand homme qui ne voulait pas mourir*, *op. cit.*, p. 132.

Qu'il (Tammuz)[177] *batte de la baguette bleue*
Et que des filles de joie (SAL šam-ha-te) *lui animent le cœur*[178] *!*

Le problème, c'est que ce ne sont que des références littéraires. Le *Chicago Assyrian Dictionary* (abrégé CAD), à l'entrée *šamhatu*, ne donne que ce type de références ou des exorcismes. Il n'y a rien les concernant dans les registres des temples ou les textes législatifs et administratifs. La seule information notable rapportée par le CAD, c'est que *šamhatu* pouvait servir de prénom. Littéralement, ce mot signifie « femme voluptueuse[179] ». C'était sans doute davantage une manière poétique de désigner une prostituée qu'une catégorie de prostituées. Il ne semble pas qu'elles aient existé en dehors de la littérature.

Les kezertum *: les* devadasi *mésopotamiennes ?*

Il existait également les *kezertum*, ces femmes qui officiaient au nom d'un temple, généralement ceux de Nanaya. Leur nom vient du verbe *kezeru*, « boucler les cheveux ». La *kezertum* était donc « la femme aux cheveux bouclés », ce qui laisse entendre qu'elles avaient une coiffure reconnaissable. Si elles sont souvent présentées comme des prostituées, c'est parce qu'elles avaient cette coiffure particulière, qu'elles étaient exclusivement vouées à Inanna/Ištar ou Nanaya et qu'elles proposaient des services appelés *parsu* dont on ignore la nature. De plus, même si beaucoup étaient mariées, les registres associent souvent *parsu* et *harimutum* (même racine que *harimtum* qui peut se traduire par prostituée). Les assyriologues comprennent alors

177. Tammuz est le nom akkadien de Dumuzi. Il est un dieu de l'Abondance et l'époux sacrifié d'Ištar.
178. Bottéro (Jean) et Kramer (Samuel Noah), *Lorsque les dieux faisaient l'homme. Mythologie mésopotamienne*, *op. cit.*, p. 324.
179. Cooper (Jerrold S.), « Sex in Temple », in Kaniuth (Kai), Löhnert (Anne) *et alii* [éd.], *Tempel im Alten Orient*, Internationales Colloquium der Deutschen Orient-Gesellschaft, n° 7, Harrassowitz, Munich, 2009, p. 49-58.

que ce service *(parsu)* était d'ordre sexuel. Cependant, Norman Yoffee[180], en étudiant de manière approfondie les registres mentionnant les *kezertum*, s'est rendu compte de plusieurs choses :

- les services des *kezertum* coûtaient cher, ils étaient réservés à une élite sociale ;
- les services n'étaient pas réservés aux hommes, il y a beaucoup de demandes de services pour officier auprès de femmes (épouses, sœurs, filles de notables) ;
- à Mari, les *kezertum* pouvaient être attachées à des concubines dans le harem royal ;
- à Kiš, le rite du *parsu* se déroulait au bord de l'eau en présence d'un prêtre lamentateur et souvent, des femmes étaient les commanditaires du rite.

Finalement, ces femmes étaient peut-être une version mésopotamienne des geishas, c'est-à-dire des dames de compagnie, ayant plusieurs compétences (coiffure, musique, conversation, etc.) ou alors, elles étaient proches des devadasi[181] indiennes. Quoiqu'il en soit, les *kezertum* réalisaient des rites en lien avec les cultes d'Inanna/Ištar et de Nanaya. Les services sexuels étaient très certainement un service qu'elles proposaient parmi d'autres.

De la sage-femme à la sorcière, en passant par la prostituée

Comme nous venons de le voir, la place des femmes dans la religion et la société mésopotamienne était complexe. Notre vision

---

180. Yoffee (Norman), « The Economics of Ritual at late Old Babylonian Kish », in *Journal of the Economic and Social History of the Orient*, vol. 41, n° 3, 1998, p. 312-343.
181. Femmes consacrées à une divinité, des sortes de courtisanes-danseuses. Les faveurs sexuelles étaient réservées à leurs favoris.

moderne de la prostitution sacrée ne correspond pas à celle des Mésopotamiens. Ce qui peut étonner, c'est de voir que de nombreuses femmes, de différents statuts sociaux, ont été assimilées à des prostituées. Pourquoi ? Il y a deux faits qui peuvent expliquer cette situation.

Tout d'abord, une civilisation évolue dans le temps. Les déesses étaient prépondérantes dans les panthéons de la période archaïque en tant que protectrices des cités ainsi que détentrices des techniques et des savoirs. À partir du IIe millénaire AEC, elles vont commencer à se voir retirer leurs pouvoirs au profit de leurs époux ou à être assimilées par Ištar. En d'autres termes, les déesses vont progressivement être dépouillées de leurs prérogatives et seules quelques-unes resteront sur le devant de la scène. Par contre, comme nous l'avons vu, le statut social des femmes n'a pas suivi la même trajectoire. Les femmes sumériennes, tout en jouissant d'une grande liberté, n'en restaient pas moins légalement inférieures à un homme. Le pouvoir, l'argent, les décisions politiques et économiques restaient les domaines privilégiés des hommes. Comme je l'ai dit également plus haut, à partir de la seconde moitié du IIe millénaire, la place des femmes dans le culte va s'amoindrir et la misogynie de la société va s'intensifier.

Ainsi, au Ier millénaire, les exorcismes et les proverbes traitaient les *qadištu* et les *naditum* comme des sorcières et des prostituées dont il fallait se méfier. Cela peut s'expliquer simplement puisque les archives des temples avaient gardé leur mémoire. Pour les Mésopotamiens du Ier millénaire avant notre ère, les *naditum* et les *qadištu* « parce qu'elles étaient indépendantes, elles étaient considérées comme les médiateurs d'un pouvoir féminin maléfique, dangereux et incontrôlé[182] » même si elles n'existaient plus depuis plusieurs siècles.

---

182. Goodnick Westenholz (Joan), « Tamar, Qedeša, Qadištu, and sacred prostitution in Mesopotamia », *op. cit.*, p. 245-265.

En ce qui concerne les *harimtum,* leur statut était peu enviable. *Harimtum* était une insulte, comme dans *qinnati harimati*[183] (« anus d'*harimtum* »). Ce qu'il faut retenir, c'est que s'il est tout à fait possible que ce terme ait désigné un statut social d'une femme libre de la tutelle masculine, il a fini par être rapproché de *wasitum* et de *najjaktum,* autrement dit « femme rebelle ou volage » et « femme fornicatrice ». La *harimtum* a fini par désigner toute femme dont la sexualité n'était pas contrôlée. Elle est devenue l'opposé de l'idéal féminin mésopotamien.

En résumé, au Ier millénaire avant notre ère, toutes les femmes marginalisées, présentes ou passées étaient devenues des sorcières et des prostituées dans l'imaginaire collectif mésopotamien.

Le deuxième point qui peut expliquer cette propension à considérer les femmes des temples comme des prostituées nous vient des assyriologues eux-mêmes. Même si Julia Assante a tort en niant la prostitution, elle a eu le mérite de mettre en lumière les préjugés et les erreurs de compréhension des historiens du XIXe siècle et de la première moitié du XXe siècle. En effet, il ne faut pas négliger le contexte de la naissance et du développement de l'assyriologie, pendant la colonisation. Les premiers assyriologues baignaient dans l'érotisation des corps des colonisés et dans le fantasme d'un Orient érotique hérité de la Bible et d'Hérodote. À cela s'ajoutent les mœurs et normes des sociétés occidentales qui vivaient dans une dualité très marquée en ce qui concernait les femmes. Pour les hommes de cette époque, en termes de sexualité, il n'y avait que deux types de femmes : la pudique angélique et la garce dépravée[184]. Dans ce contexte, pour

183. Cooper (Jerrold S.), « Prostitution », in *Reallexikon der Assyriologie und Vorderasiatischen Archäologie,* vol. 11, 2007, p. 12-21.

184. Simonnet (Dominique), « Le sexe au XIXe, le siècle "des oies blanches et des bordels" », in *L'Express,* le 14/08/2016, consultable sur https://www.lexpress.fr/actualite/societe/sexualite/le-sexe-au-xixe-le-siecle-des-oies-blanches-et-des-bordels_1810197.html

eux, une femme dans les cultes mésopotamiens (surtout dans celui d'Inanna) ne pouvait qu'être une prostituée.

Tous ces éléments combinés sont à prendre en compte pour comprendre pourquoi la place des femmes dans le culte a longtemps été mal comprise. Jean Bottéro et d'autres assyriologues de sa génération, jusque dans les années 1980, ont continué à traduire *qadištu* par « hiérodule », *assinu* par « homme prostitué » en raison de leur homosexualité ou encore, à imaginer les rites de la déesse comme des orgies sexuelles[185]. Fort heureusement, la science et la recherche ont avancé et permis de briser ces stéréotypes hérités des débuts de l'assyriologie.

En conclusion, la prostitution en Mésopotamie est un concept qui ne se superpose pas exactement à notre définition contemporaine[186]. Le terme *harimtum* semble avoir plusieurs sens, allant de la femme émancipée à la prostituée. La prostitution sacrée est même très éloignée de ce que l'on imagine. Il s'agissait de femmes qui travaillaient pour le temple sans être des prêtresses. Les *kezertum* sont celles qui se rapprochent le plus de la définition moderne de « prostituée sacrée ». Cependant, les services sexuels n'étaient pas leur « cœur de métier », il serait réducteur d'en faire des prostituées alors qu'elles étaient avant tout des dames de compagnie et des artistes qui distrayaient l'élite sociale.

185. Jean Bottéro reste un grand assyriologue et une référence que je recommande. Cependant, quand sort son livre *Lorsque les dieux faisaient l'homme*, où il traduit encore *nu-gig* par hiérodule, cela faisait plusieurs années que le *Chicago Assyrian Dictionary* réfutait cette association. Il ne faut pas tomber dans l'argument d'autorité en brandissant les travaux de Bottéro comme des vérités intouchables. Par exemple, Jerrold Cooper est une bien meilleure référence sur la sexualité et le genre en Mésopotamie.
186. À ce sujet, voir l'excellent article de Jerrold Cooper sur la prostitution.

Le personnel cultuel d'Inanna

Dans les temples, on pouvait trouver des prêtres ou des purificateurs communs à d'autres cultes. Les divinités avaient des prêtres ou des ordres particuliers en fonction de leurs attributions. Par exemple, Inanna est la déesse des Inversions et c'est tout à fait visible dans son clergé.

Les gala

Prêtres emblématiques des temples mésopotamiens, les *gala* étaient des chanteurs et des danseurs. Ils avaient pour fonction de chanter des lamentations en *eme-sal*, un dialecte du sumérien qui signifie littéralement « langue des femmes ». Les lamentations servaient à pleurer sur la puissance destructrice des dieux qui rasaient les villes et à chanter la douleur des divinités tutélaires impuissantes face à ce désastre, mais pas seulement. Le principal objectif de la religion mésopotamienne était de s'assurer de la bienveillance des dieux pour garantir l'équilibre du monde ou le restaurer. Le rôle du *gala* était de garantir cette bienveillance grâce à tout un arsenal de chants comme les *eršemma* (larmes accompagnant le tambour), les *šu'ila* (prières à main levée), les *balag* (du nom d'un instrument de musique), etc. Ils avaient donc le rôle fondamental de calmer les dieux, mais ils chantaient aussi lors de la mort d'un personnage important de la cour, lors des éclipses ou lors de la nouvelle lune. Dès que quelque chose faisait peur en bousculant l'ordre des choses, c'était le signe d'un danger et le *gala* devait rétablir l'équilibre.

Le mot *gala* est composé des signes UŠ et KU qui peuvent se lire *giš*$_3$, c'est-à-dire « pénis[187] » et *dur*$_2$ « fesse ». *Ga-la* est aussi un homophone de *gal*$_4$*-la,* « vagin ».

Graphie	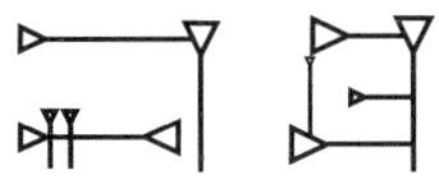	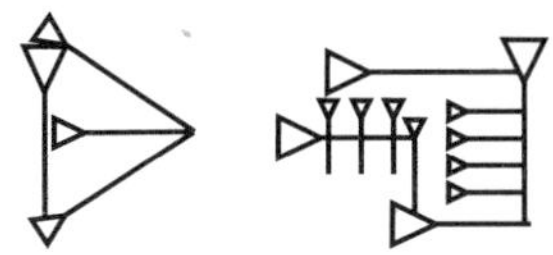
Signes	UŠ KU	SAL LA
Signification	(*geš*$_3$) Pénis + (*dur*$_2$) Fesse	(SAL) Femme + (LA) Abondance, plaisir
Prononciation	Ga-la	Gal$_4$ -la
Traduction	Prêtre lamentateur	Vagin, vulve

Le mythe de la descente d'Inanna explique que c'est Enki qui créa les *galaturra* (jeunes gala) en même temps que les *kurgarru* pour ressusciter Inanna. En montrant de la compassion pour la déesse du monde des morts, ils permettront la libération d'Inanna. Ces prêtres jouaient aussi un rôle important dans les rites de résurrection du dieu Dumuzi, puisqu'ils étaient capables de communiquer aussi bien avec le monde des morts qu'avec le monde divin.

Il existe aussi une autre origine aux *gala*. La tablette BM29616 raconte qu'Inanna avait vexé le ciel et la terre à cause de sa colère. Enki, le dieu de la Sagesse, a alors décidé de créer les *gala* pour apaiser la déesse et calmer sa rage. Nous retrouvons le *gala* comme médiateur et garant de l'équilibre entre le monde des hommes et celui des dieux.

187. Ce qui est certain, c'est que les *gala* avaient un pénis et que, quel que soit leur identité de genre, ils étaient de fait des hommes pour la société. Il est probable que tout était envisageable en termes d'orientation sexuelle et d'identité de genre (femme trans, homme cisgenre, homosexualité, hétérosexualité, bisexualité).

Enfin, les *gala* étaient des prêtres transformistes ou transgenres (il n'y a aucune indication sur leur identité de genre). Ce que l'on sait, c'est qu'ils s'habillaient en femme pour officier. Contrairement à ce que l'on pourrait penser, tous les *gala* n'étaient pas homosexuels, les registres comptables indiquent que certains étaient mariés et pères de famille[188].

Les kur-ĝar-ra / kurgarru

Les *kurgarru* apparaissent aussi dans le mythe de la descente d'Inanna. Ils sont créés en même temps que les *galaturra* par Enki, le dieu de la Sagesse et de la Magie. Comme les *gala*, les prêtres *kurgarru* étaient des hommes habillés en femmes qui imitaient les attitudes et les habitudes féminines, comme la danse et le chant[189]. Cependant, à la manière de leur déesse qui possède des caractéristiques masculines et féminines, les *kurgarru* étaient des hommes qui s'habillaient en femme masculine (dans le sens où ils représentaient l'aspect guerrier et héroïque d'Inanna). C'était donc armés d'épées, de dagues et d'autres armes tranchantes que les prêtres dansaient lors des cérémonies.

Les saĝ-ur-saĝ/assinu

Ce groupe de prêtres est souvent cité dans les textes en même temps que les *kurgarru*, avec lesquels ils formaient une sorte de binôme. Les deux groupes étaient au service d'Inanna.

L'*assinu* était un prêtre qui représentait la face féminine de la déesse Inanna lors des cultes. Il dansait, chantait et son rôle était de réjouir le

---

188. Si c'est souvent la sexualité qui est mise en avant, la question du genre ne doit pas être oubliée. L'identité de genre devait être aussi importante que l'orientation sexuelle pour le personnel cultuel d'Inanna. J'en reparlerai.
189. À cette époque la danse, le chant ou les pleurs et les cris lors des funérailles étaient vus comme des activités féminines.

cœur de la déesse. Comme les *kurgarru,* ces prêtres étaient considérés comme des « hommes-femmes » et bien que certains assyriologues traduisent ces termes par « hommes prostitués », rien dans les textes ne laisse supposer que c'était le cas. Les *assinu* se distinguaient par un type de coiffure particulier et par les nombreux rubans qu'ils portaient. À l'époque néo-assyrienne, les *assinu* étaient peut-être castrés.

Ce type de prêtrise qui joue avec les genres se retrouve dans différentes religions. Par exemple, on peut citer les *hijra* en Inde qui sont considérés comme un troisième genre, ni masculin ni féminin. Possédant un statut sacré, les *hijra* sont à la fois craints et respectés. Leur statut s'est ensuite considérablement dégradé avec la colonisation britannique. Ils sont devenus une catégorie sociale stigmatisée en raison de leur sexualité et parce qu'ils portent des vêtements de femmes. Ils gardent malgré tout un rôle important lors des mariages, car ils assurent la fertilité des couples. Ils sont également invités lors des naissances pour bénir le nouveau-né.

Dans le culte de Cybèle, on trouve les *galli,* des prêtres qui jouaient de la musique pour leur déesse et qui avaient un rôle similaire à celui des prêtres d'Inanna. Les prêtres « travestis » ne sont pas une exception dans les religions. Incarner à la fois le féminin et le masculin était vu comme un moyen de se rapprocher du divin. En Mésopotamie, c'était une volonté d'Inanna, une manifestation tangible de son pouvoir de transgression et d'inversion des règles. La question de la prostitution masculine fait couler beaucoup moins d'encre que la prostitution féminine. Pourtant, il arrive encore de voir que *assinu, kurgarru* et *gala* sont traduits par « hommes prostitués ». C'est regrettable, car leur fonction principale était de danser et de chanter pour la déesse. S'ils vendaient des services sexuels, il n'y en a aucune trace dans les comptes des temples, contrairement aux indices sur les *kezertum.* Comme pour les femmes, les temples n'avaient pas d'entrée « prostitution » dans leurs registres comptables. On ne peut que le supposer, mais rien affirmer.

Genre et sexualité en Mésopotamie

Lorsque l'on s'intéresse à Inanna ou que l'on commence à travailler avec elle, on ne peut pas échapper à la question du genre. Le sexe biologique, le genre et la sexualité sont trois choses différentes. Le genre est une construction sociale, un rôle. C'est en quelque sorte tout ce que l'on attend d'une personne en fonction de son sexe biologique. Par exemple, dire aux garçons qu'ils ne doivent pas pleurer, apprendre aux filles à faire attention à leur tenue, encourager la force et le leadership chez les garçons, etc. Il y a des stéréotypes de genre et il y a des injonctions beaucoup moins visibles. Le sexe biologique, c'est notre appareil reproducteur avec les hormones associées. À partir du sexe biologique, la société assigne le genre. Enfin, la sexualité n'est ni génétique ni environnementale. La prédominance et l'idéal portés par la société occidentale sont d'être cisgenre[190] et hétérosexuel. Comment cela se passait-il en Mésopotamie ?

Le genre

Nous avons observé la place des femmes et des hommes dans la société. La femme est inférieure à l'homme et très souvent reléguée à l'espace privé. Pour les autres individus qui ne rentraient pas dans cette norme, que ce soit en raison de malformations ou parce que la psychologie ne correspondait pas au genre assigné, la transidentité et l'intersexuation étaient acceptées et normalisées par la mythologie. Dans la société, les individus restaient marginalisés, mais n'étaient pas

---

190. C'est-à-dire que le genre assigné à la naissance est en adéquation avec le genre ressenti.

exclus de celle-ci. Ils pouvaient faire partie du personnel des temples, comme nous l'avons vu, ou du personnel du palais royal.

Par exemple, dans un des mythes de la création de l'homme, « Enki et Ninmah », la déesse lance un défi au dieu. Ninmah va créer des êtres imparfaits, à Enki de leur trouver une place dans la société. Elle crée un paralysé, un aveugle, un éjaculateur précoce, une femme stérile et une personne intersexe. Le dieu relève le défi avec brio en trouvant une solution pour chaque individu. Voilà le destin assigné à la personne intersexe :

> *Mais Enki, devant cet être qui n'avait ni verge ni vulve,*
> *L'appela Enlil-kigal et lui assigna pour destin de se tenir à la disposition*
> *De celui qu'Enlil aurait désigné comme roi*[191] *!*

La transidentité pouvait également avoir un autre visage avec la non-binarité. Par exemple, entre le XIVe et le XIIIe siècle avant notre ère, la fille aînée d'un couple pouvait être adoptée et obtenir juridiquement le statut de « homme-femme ». C'était notamment le cas quand un couple n'avait pas de fils pour hériter et s'occuper du culte des ancêtres. De la même manière, une épouse pouvait devenir un « père-mère ». Ainsi elle devenait légalement la cheffe de famille et les enfants ne pouvaient pas réclamer leur part d'héritage tant que leur père-mère était vivante :

> *À partir de ce jour, Muzazu, fils de Samana, en bonne santé, a fait son testament à propos de sa maison. Il a dit ceci : « À présent Hébate, mon épouse, est père et mère de ma maison. À présent, j'ai établi ma fille Alhati comme femme et homme. Elle pourra appeler mes dieux et mes (ancêtres) morts. À présent, ma*

---

191. Bottéro (Jean) et Kramer (Samuel Noah), *Lorsque les dieux faisaient l'homme. Mythologie mésopotamienne*, *op. cit.*, p. 192.

> *maison, mes biens, mes possessions, tout ce qui est à moi, je l'ai donné à ma fille Alhati*[192]. »

Bien entendu, ces cas de non-binarité n'ont rien à voir avec l'identité de genre. Il s'agit là d'un contexte purement juridique et économique. Il n'en reste pas moins que cette double identité était possible.

Les mutilations sexuelles

Il y a des attestations de castration de certains hommes. L'émasculation pouvait être physique, mais il est possible qu'elle fût aussi symbolique. En d'autres termes, certaines charges du palais ne pouvaient pas se transmettre aux descendants, ou il était interdit à ces fonctionnaires d'avoir des enfants ou d'adopter. En akkadien, le terme *gerseqqum* pourrait se rapporter aux eunuques qui avaient le droit d'adopter des enfants. Sous les Perses, ces eunuques n'étaient pas rattachés au harem, mais à la chambre du roi, comme gardes du corps[193].

La sexualité

J'ai en partie abordé ce sujet en parlant de la prostitution. Comment les Mésopotamiens abordaient-ils la sexualité ? Comme quelque chose de naturel, sans honte ni tabou. La sexualité était un savoir-vivre de toute personne civilisée. Elle était une norme sociale.

La virginité : jusqu'à la période néo-babylonienne (à partir de 626 avant notre ère), aucune loi n'oblige une femme à être vierge jusqu'à son mariage. Cependant, il existait des termes pour parler de la virginité féminine, comme *ša zikaram la idu* (« qui ne connaît pas l'homme »), *ša la petat* (« qui n'a pas été ouverte ») ou encore *ša*

---

192. Grandpierre (Véronique), *Sexe et Amour de Sumer à Babylone*, *op. cit.*, p. 96.
193. Idem.

la naqpat[194] (« qui n'a pas été enfoncée »). Les jeunes filles étaient surveillées, mais si l'une d'entre elles se mariait sans être vierge, elle ne subissait aucune sanction. Elle pouvait seulement être répudiée par son mari. De manière générale, si une jeune fille et son amoureux couchaient ensemble, leur histoire finissait par un mariage, ou alors le jeune devait verser une somme d'argent en compensation. L'Assyrie a été beaucoup plus restrictive avec les femmes et a beaucoup plus tôt contrôlé leur sexualité que le reste de la Mésopotamie.

Les pratiques sexuelles : la femme était libre de son plaisir et prenait une part active dans les jeux érotiques. Il n'y avait pas de tabou sexuel tant que les partenaires étaient consentants[195]. Par exemple, la sodomie était une pratique admise et même encouragée pour les *naditum* qui n'avaient pas le droit d'enfanter. Il existait également des présages pour déterminer le moment propice aux relations hétérosexuelles et homosexuelles en fonction de la position des pléiades dans le ciel :

> *5 : Amour d'un homme pour une femme : région de la Balance*
> *6 : Amour d'une femme pour un homme : région des Poissons*
> *7 : Amour d'un homme pour un homme : région du Scorpion*
> *8 : avoir des relations sexuelles avec une femme : région du Bélier*[196]

Par contre, il n'y a pas de documentation sur le lesbianisme, les textes ne traitent que de l'homosexualité masculine et la bisexualité est sous-entendue. Il serait naïf d'idéaliser la Mésopotamie et d'en

---

194. CASSIN (Elena), *Le Semblable et le Différent. Symbolismes du pouvoir dans le Proche-Orient ancien*, La Découverte, Paris, 1987, p. 339.
195. Il faut cependant nuancer puisque le viol conjugal n'existait pas dans le droit mésopotamien.
196. BIGGS (Robert), *ŠA.ZI.GA, Ancient Mesopotamian Potency Incantations*, *op. cit.*, p. 5.

faire un paradis pour les LGBT. Ils étaient intégrés et protégés grâce à Inanna, pourtant cela n'empêchait pas les préjugés. Des proverbes misogynes et d'autres se moquant de l'homosexualité des *gala* nous sont parvenus. Par exemple, il y a un proverbe qui dit « quand un prêtre *gala (prêtre lamentateur)* s'essuie l'anus (il dit) : je ne dois pas exciter ce qui appartient à ma dame Inanna[197]. » Si l'homosexualité et la transidentité étaient acceptées, elles n'en restaient pas moins marginales et sujettes à moquerie. L'idéal mésopotamien restait un homme « viril » et hétérosexuel. Ainsi, les textes mettent l'accent sur la vigueur sexuelle des hommes dans les rapports hétérosexuels et se moquent des hommes impuissants ou homosexuels.

La sensualité était primordiale : parfum, maquillage, corps huilés. Un corps non parfumé est un corps mort. Les parfums sont à base de styrax, cyprès, cèdre, myrrhe, menthe et jouent un rôle important dans la séduction, tout comme les coiffures, le maquillage et les bijoux. La jouissance sexuelle n'était pas bridée par la culpabilité, au contraire, elle était indispensable à la procréation et source de joie. Il n'y avait ni interdits religieux ni jugement moral, chacun faisait ce qu'il lui plaisait tant que cela restait dans la sphère du privé et que les rapports étaient consentis. Ce qui est recherché, c'est la joie et le plaisir sexuel (*hi-li* en sumérien). La sexualité était le propre de la civilisation, comme le montre l'*Épopée de Gilgameš*. Un bon amant n'est pas seulement celui qui sait donner du plaisir, il est aussi celui qui maîtrise les codes sociaux. En tant qu'image du cosmos, la sexualité se devait d'être bruyante, animée et pleine de chaleur.

---

197. Teppo (Saana), « Sacred Marriage and the Devotees of Ištar », in Nissinen (Martti) et Uro (Risto) [éd.], *Sacred Marriages: The Divine-Human Sexual Metaphor from Sumer to Early Christianity*, Eisenbrauns, Winona Lake, 2008, p. 75-92.

Les crimes sexuels : la société mésopotamienne n'était pas du tout libertine. L'adultère était sévèrement puni et seule la femme commettait l'adultère. La sanction contre l'épouse infidèle et son amant pouvait aller jusqu'à la peine de mort. L'inceste était également tabou, un père incestueux était banni de la cité, il perdait son statut de chef de famille et tous ses biens. Un beau-père était noyé, car coucher avec sa belle-fille était vu comme un adultère. L'inceste mère-fils était également sanctionné par la mort (bûcher ou noyade). Il existait quelques exceptions aux relations entre proches :

- un homme pouvait épouser la sœur de son épouse défunte ;
- une femme pouvait épouser le frère de son époux défunt ;
- un roi pouvait épouser deux sœurs.

Les textes juridiques mésopotamiens ne traitent pas de la zoophilie comme les Hittites ou les Hébreux, il n'y avait donc aucune sanction.

Le viol aussi était condamné. En Assyrie, une compensation était demandée, bien que le père d'une jeune fille violée puisse exiger que le violeur épouse sa victime sans possibilité de la répudier. Si le violeur était marié, alors c'est son épouse qui était livrée au père de la victime[198]. Chez les Babyloniens, le violeur est condamné à mort si la victime était fiancée, sinon il versait un dédommagement ou épousait la jeune fille si elle était libre (pas une esclave). L'âge de la victime, son comportement et le lieu étaient importants. Il était du devoir de la victime de se débattre, de résister et de crier. Grossièrement, si personne n'avait entendu la victime crier alors il n'y avait pas eu de viol. Cette règle ne s'appliquait pas aux enfants qui étaient toujours considérés comme des victimes et n'avaient pas à se justifier.

---

198. Grandpierre (Véronique), *Sexe et Amour de Sumer à Babylone*, *op. cit.*, p. 154.

Inanna, une déesse gender fluid ?

Une déesse LGBT friendly

Nous l'avons vu plusieurs fois, Inanna est la déesse des Inversions. Elle transforme une chose en son contraire. Elle inverse les genres et joue avec les normes. Pour moi, la force et la modernité d'Inanna viennent de son caractère inclusif. En Mésopotamie, tous ceux qui ne se reconnaissaient pas dans les normes cisgenres et hétérosexuelles trouvaient un espace sûr dans ses temples et dans son culte. Les Mésopotamiens ne voyaient pas ces différences comme une anomalie ou une déviance, mais comme une volonté divine. Cela faisait partie de l'ordre cosmique et tout le monde avait sa place auprès d'Inanna, quel que soit son genre ressenti ou son orientation sexuelle. Elle était la déesse des cisgenres hétérosexuels et même s'il s'agit d'un anachronisme, on peut aussi la qualifier de déesse de la communauté LGBTQIA+ mésopotamienne.

L'identité de genre d'Inanna

Inanna est l'ambiguïté incarnée. Elle est la femme féminine, fière de sa vulve et qui aime les hommes.

> *Sa vulve était remarquable [...]. Sa vulve était remarquable. Elle se vantait, pleine de ravissement, de sa vulve. Elle se félicitait, pleine de ravissement, de sa vulve*[199].

Elle est aussi la femme masculine, représentée avec une barbe, qui porte des armes et qui se définit comme un jeune homme.

> *Quand je suis assise à la taverne, je suis une kar-kid et je suis un jeune homme exubérant*[200].

---

199. « Enki et Inanna », in *ETCLS*, t. 1.3.1, v. 4-7, consultable sur http://etcsl.orinst.ox.ac.uk/cgi-bin/etcsl.cgi?text=t.1.3.1#
200. « A *šir-namšub* to Inana (Inana I) », *op. cit.*

Cependant, il n'est pas très pertinent de faire une lecture littérale de ce passage. Il est sans doute plus question de présenter Inanna comme la protectrice des tavernes où se retrouvaient les hommes et les femmes libres et souverains de leur corps. Elle préside « l'amour libre », même si ce terme ne reflète pas exactement ce qui se passait à Sumer. Elle protège ceux qui n'étaient pas dans la sphère du mariage : la *kar-kid* et le jeune homme célibataire. De la même manière, si elle pouvait être représentée avec une barbe sur les sceaux-cylindres[201], c'était pour montrer son côté viril. La déesse-mère Nammu qui a enfanté sans époux était aussi représentée avec une barbe pour indiquer qu'elle se suffisait à elle-même. Elle n'a jamais été considérée autrement que comme une déesse féminine.

Même avec cette petite mise au point, Inanna reste une déesse *gender fluid*, car elle est à la fois masculine et féminine. Inanna brouille les frontières entre le masculin et le féminin. C'est flagrant avec les membres de son culte, mais cela s'applique également à elle-même. Elle est comme toujours dans un entre-deux. Comme le dit très bien Rivkah Harris :

> *Inanna-Ishtar combine l'agressivité masculine avec la force d'une surabondance de la sexualité féminine. Elle englobe les deux formes de désordre et de violence potentiels – le sexe et la guerre*[202].

Pour nos yeux d'Occidentaux du XXIe siècle, résumer le masculin à la guerre et le féminin à la sexualité est très réducteur. Pourtant, c'est cette violence masculine qui fait que dans la pensée religieuse sumérienne, elle est appelée la Femme virile. Les Sumériens sont très diffé-

---

201. Petit cylindre sur lequel étaient gravés des motifs. Ils pouvaient servir d'amulettes magiques et de « carte d'identité » antique.

202. HARRIS (Rivkah), « Inanna-Ishtar as Paradox and a Coincidence of Opposites », *op. cit.*, p. 261-278.

rents de nous, nous n'avons pas la même éthique, les mêmes conceptions du monde, les mêmes rapports au masculin et au féminin. Pour les Sumériens, Inanna est virile car elle porte des armes, part en guerre et mène des troupes. Elle est ambitieuse, avide de pouvoir, impatiente et elle ne supporte pas l'humiliation. Ce sont des qualités masculines, et même, les qualités attendues d'un roi. En résumé, la déesse ne se conforme pas à ce qui est attendu d'une femme sumérienne. Mais ce n'est pas aussi net et tranché, puisqu'elle est aussi la jeune fille qui attend sagement dans sa chambre, tout comme elle peut être la fiancée attentionnée et naïve. Son côté masculin est aussi ambigu puisqu'elle incarne à la fois les défauts et les vertus royales. Inanna peut devenir un tyran égoïste et destructeur. Elle a même des comportements qui pourraient poser problème de nos jours, puisqu'en matière de sexualité notamment, on ne peut pas lui dire non sans prendre le risque de se faire tuer ou transformer.

Le mariage sacré

Définition

Le mariage sacré ou hiérogamie se définit comme le mariage divin entre un dieu et une déesse, ou entre un humain divinisé et une divinité. Ce terme désigne aussi un rituel entre un homme et une femme symbolisant des divinités dans le cadre d'un rite royal de fertilité. À Sumer, ce rite est attesté sur une courte période d'un peu plus de trois cents ans, allant de la période d'Ur III à la période de la première dynastie d'Isin (de 2112 à 1794 avant notre ère environ). Il réapparaît au Ier millénaire avant notre ère sous une forme très différente. Le rite est à différencier de la littérature érotique[203] des cours royales dont je vais également parler.

203. Dans les poèmes érotiques des cours royales, le couple divin représente l'archétype des amoureux.

Attestations du mariage sacré à Sumer et en Mésopotamie

Tout au long de l'histoire de la Mésopotamie, les traces d'une union entre des divinités ou entre un roi et une déesse sont nombreuses dans les textes. Cette pratique ne concerne pas spécifiquement Inanna. Ainsi, les textes indiquent qu'à l'époque sumérienne, un mariage sacré divin, une hiérogamie, était célébrée entre Bau (déesse de la Guérison) et Ninğirsu (divinité agraire), les divinités tutélaires des villes de Girsu et Lagaš :

> *Colonne XVI, cylindre B de Gudea*[204]
> *l. 19 : la chambre de repos où le lit était placé*
> *l. 20 : était semblable à l'étable, au lieu de repos où (...) s'accroupissent.*
> *Colonne XVII, cylindre B de Gudea*
> *l. 1 : Sur la couche pure...*
> *l. 2 : la mère, la déesse Bau, avec le seigneur Ninğirsu*
> *l. 3 : s'accroupit.*

Il y a d'autres attestations d'hiérogamie entre Marduk et Sarpanitu[205], Anu et Antum[206], Nabu (dieu de l'Écriture) et Tašmetu ou Nanaya (déesse de la Sensualité) etc., que ce soit en Babylonie ou en Assyrie.

Par exemple, le mariage de Nabu et Tašmetu[207] à l'époque néo-assyrienne se déroulait au mois d'Ayyaru (avril-mai) à Kalhu. Les statues des divinités entraient dans la chambre à coucher préparée

---

204. Thureau-Dangin (François), *Les Cylindres de Gudea. Transcription, traduction, commentaire, grammaire et lexique*, Ernest Leroux éditeur, Paris, 1905, p. 93.
205. Marduk est le roi des dieux en Babylonie, son épouse n'existe qu'à travers lui.
206. Version akkadienne de patriarche des dieux sumériens An et de son épouse.
207. Nabu est le dieu babylonien de la Sagesse et son épouse une hypostase d'Inanna/Ištar.

dans le temple, et des sacrifices étaient faits aux divinités pour qu'elles assurent la pérennité et la prospérité de la famille royale, et donc du royaume. C'était une union symbolique entre deux statues divines.

Fonction religieuse et politique

À l'époque sumérienne, ce rite pouvait avoir plusieurs objectifs et varier d'une cité à une autre.

Le mariage des dieux

Tout d'abord, quand il s'agissait de l'union entre deux divinités, que ce soit Inanna et Dumuzi, Bau et Ningirsu[208] ou encore An et Nanaya (déesse de la Volupté), le but de ce rite était de renouveler les forces de vie, d'apporter l'abondance, la prospérité et la paix à la cité. C'était un rite de fécondité. Cette union, célébrée par tous avec des offrandes de mariage, symbolisait également le renouvellement du lien qui unissait la ville à ses divinités : ces dernières apportent la fertilité par leur union et les humains apportent également la fertilité et l'abondance aux dieux avec leurs offrandes[209].

Le mariage du roi[210]

Il y a aussi des attestations de l'existence d'un rite entre la déesse Inanna et les rois. Les assyriologues ont plusieurs hypothèses sur la fonction de ce rite :

- **Le couronnement du roi :** l'objectif du rite est d'obtenir un « bon destin » pour le roi. C'est en effet une idée qui revient

---

208. Divinités tutélaires de Lagaš. Bau est une déesse de la Guérison, tandis que son époux est un dieu guerrier et agraire.
209. Voir Freymer-Kensky (Tivka), *In the Wake of the Goddesses. Women, Culture and the Biblical Transformation of Pagan Myth*, Ballantine Books, New York, 1992, p. 56.
210. Je résume ici l'introduction de Lapinkivi (Pirjo), *The Sumerian Sacred Marriage in the Light of Comparative Evidence*, *op. cit.*, p. 3-10.

souvent dans les textes. Il est donc possible que ce rituel fasse partie de la cérémonie de couronnement[211] ;

- **la déification du roi :** c'était sans doute le cas dans la ville d'Isin, où les rois étaient effectivement déifiés puisque le déterminatif divin se trouve devant le nom du roi à la période où est attesté le rite du mariage sacré. Épouser la déesse renforçait le pouvoir et la légitimité du monarque ;
- **la bénédiction du roi :** le titre « d'époux d'Inanna » serait uniquement un titre honorifique et littéraire pour s'assurer de la bénédiction de la déesse afin d'obtenir l'abondance et la fertilité. Cette approche rejoint l'idée de « bon destin » que l'on retrouve dans la cérémonie de couronnement ;
- **l'initiation d'une prêtresse :** à Isin, il n'y a pas de preuve d'un rite du mariage sacré annuel. Par contre, la cérémonie d'initiation de la nouvelle prêtresse d'Inanna aurait pu être comprise comme un mariage sacré, comme le montrent les archives de la ville. L'union symbolique entre la nouvelle prêtresse et le roi devait apporter fertilité et prospérité au pays.

Il y a eu d'autres hypothèses, et je peux citer un rite pour concevoir un héritier au trône, une union symbolique ou charnelle pour que le souverain devienne roi et prêtre pour s'assurer de l'équilibre entre le monde divin et le monde des humains, etc. Dans tous les cas, le rite relève du culte royal et avait pour objectif de s'assurer de la légitimité du roi et de la prospérité de son royaume grâce à la bénédiction d'Inanna, puisque c'est elle qui accordait la royauté et les savoirs nécessaires pour régner.

---

211. Cooper (Jerrold), « Sacred Marriage and Popular Cult in Early Mesopotamia », in Matsushima (Eiko) [éd.], *Official Cult and Popular Religion in the Ancient Near East, Papers of the First Colloquium on the Ancient Near East,* Universitätsverlag C. Winter, Heidelberg, 1993, p. 81-96.

Mariage consommé ou symbolique ?

Le sujet fait débat. L'union sexuelle entre un roi et une prostituée sacrée lors d'un rite de fertilité a longtemps été très largement admise et défendue par de nombreux assyriologues. Cela fait maintenant près de trente ans que cette approche ne fait plus du tout l'unanimité. Pourquoi ? Il y a d'abord une remise en question des travaux de Sir James George Frazer et notamment du *Rameau d'or* publié en 1890. Frazer définit le mariage sacré comme une union sexuelle lors d'un rite de fertilité. C'est lui qui a introduit l'idée d'une prostituée sacrée officiant lors d'un mariage sacré, en se basant entre autres sur le culte d'Aphrodite et sur les écrits d'Hérodote sur les lois mésopotamiennes. *Le Rameau d'or* reste un classique à lire, mais il n'est plus considéré comme une étude fiable des cultes antiques de la fertilité[212] et influence beaucoup moins les assyriologues[213].

Ensuite, il y a l'érotisme très marqué des poèmes et des quelques rituels retrouvés. La poésie de cour et les rites royaux sont longtemps restés indifférenciés en raison de leur érotisme et de leurs thèmes communs, comme nous le verrons un peu plus loin. Pourtant, ils sont différents et ne servent pas les mêmes objectifs. Le rite du mariage sacré s'inscrit dans l'idéologie royale tandis que les chants d'amour relèvent de la poésie de cour et du mariage profane.

---

212. *Le Rameau d'or* est passionnant à lire, cependant il est devenu le témoin de la pensée victorienne sur les pratiques et les rites non chrétiens. Même s'il est critiquable sur le fond et la forme, *Le Rameau d'or* a révolutionné la mythologie comparée et l'anthropologie des religions. On ne le répétera jamais assez, il faut toujours se méfier d'un argument d'autorité et toujours interroger les sources.

213. Ninissen (Martti), « Akkadian Rituals and Poetry of Divine Love », in Whiting (R.M) [éd.], *Proceedings of the Second Annual Symposium of the Assyrian and Babylonian Intellectual Heritage Project*, The Neo-Assyrian Text Corpus Project, Helsinki, 2001, p. 93-136.

Les plaquettes érotiques sont également retenues comme preuve d'une union sexuelle entre le roi et une prêtresse. Ces tablettes représentant des couples enlacés sur un lit ont été retrouvées dans des temples, des tavernes, mais aussi dans des maisons. Elles ont été présentées comme une illustration d'une prostituée avec le roi, d'une prostituée avec un client, d'un couple marié, etc. Comme il est impossible de savoir qui est le couple et que ces illustrations en terre cuite ont été retrouvées dans des lieux divers, il est difficile de les rattacher au mariage sacré.

Où en est la recherche aujourd'hui ? Les assyriologues comprennent mieux l'organisation des temples et du pouvoir royal. Par exemple, il était peu probable qu'une grande prêtresse d'Inanna (qui représentait la déesse) couchait avec le roi puisque la personne à la tête du temple d'Inanna était un grand prêtre (l'*en*), et non une grande prêtresse. Le grand prêtre était considéré comme l'époux d'une déesse tout comme une grande prêtresse était l'épouse d'un dieu. On sait également que le grand prêtre d'une déesse formait un binôme avec une prêtresse, et inversement pour la grande prêtresse d'un dieu. Il est alors envisageable que le mariage sacré fasse partie du rite d'initiation de la *nin-dingir* ou de la *lagar* (prêtresse) comme le montrent les archives d'Isin. Par contre, là aussi, la probabilité que le mariage entre la prêtresse et le roi soit consommé est extrêmement faible. En effet, la *lagar*[214] d'une déesse était un membre de la famille royale, très souvent l'une des filles du roi. L'inceste n'était pas du tout une pratique des familles royales sumériennes, contrairement à l'Égypte antique. C'était même un crime sévèrement puni par la

---

214. C'était une forme de grande prêtrise pour les femmes servant une déesse. Elle n'avait pas tout à fait les mêmes responsabilités que le grand prêtre qui était à la tête du temple.

loi. Dans ce cas, le mariage ne pouvait être que symbolique, puisqu'il était impensable que le roi couchât avec sa fille.

Jerrold Cooper[215], par exemple, explique ce qui l'a poussé à renoncer à la croyance d'un mariage consommé :

> *Certains chercheurs, dont moi-même, ont insisté sur le fait que les rois des dynasties Ur III et Isin (vers 2000-1800), sous l'apparence de Dumuzi, avaient eu de véritables rapports sexuels avec une femme représentant la déesse. […] Au moment même où j'écrivais ma défense du « mariage sacré » physique, Sweet (1994) présentait un excellent argumentaire, que je qualifierais aujourd'hui de convaincant, contre lui :*
> *La question qui doit maintenant être franchement posée est la suivante : est-ce que les descriptions poétiques d'un roi s'unissant à Inanna dans un rapport sexuel signifient-elles que le roi s'est réellement uni avec une femme dans un rituel qui donnait corps à sa prétention d'être l'époux de la déesse ? Et si oui, qui était cette femme ? (Sweet, 1994, 101.)*
> *Comme il n'y a pas de bonne réponse à la deuxième question de Sweet, il devient très problématique de répondre à la première par l'affirmative. Comme nous le rappelle Sweet (1994, 102), « les poèmes doivent être lus comme des poèmes […]. Les poètes rendent explicite ce qui est implicite dans l'imagerie du mariage en tant que métaphore de la relation divino humaine[216]. »*

Dans ce long extrait, la question de la représentante est posée. Il n'y a absolument aucune indication la concernant alors que le nom du roi est indiqué. C'est très surprenant, car les registres donnent les noms des femmes au service des temples ou de la famille royale. Nous avons des noms de *lukur, nin-dingir, lagar,* même de *kezertum,* mais ni

215. Je recommande la lecture de ses articles et livres à tous ceux et celles qui s'intéressent à la prostitution et au mariage sacré en Mésopotamie.
216. Cooper (Jerrold S.), « Sex in Temple », *op. cit.*, p. 49-58.

le nom ni la fonction (reine, prêtresse, etc.) de la représentante de la déesse lors du rituel.

L'idée avancée que la représentante est « possédée » ou s'efface devant Inanna peut être facilement réfutée. Le temple est la maison de la divinité. Elle abrite la statue divine qui n'est pas une image, mais l'incarnation physique de la divinité. La statue est lavée, parfumée, habillée, elle reçoit des offrandes de nourriture, de boisson. Elle a des musiciens qui la distraient la journée et des servantes qui s'assurent de son bien-être. Le culte mésopotamien est un culte des statues[217]. Dans le cas d'Inanna et des autres déesses, sa volonté s'exprime par la voix de son grand prêtre.

La déesse était présente dans son temple, elle n'avait pas besoin de posséder une prêtresse. On pourrait même rétorquer que si c'était le cas, alors les individus les plus aptes à représenter Inanna lors de ce rituel étaient son grand prêtre ou un « homme-femme » de son clergé, c'est-à-dire un prêtre homosexuel ou transgenre, puisqu'ils étaient les plus proches de son essence.

Ce qui est plus probable, c'est que le clergé présent lors du rituel était la voix de la déesse incarnée par sa statue. Le rite devait être un mariage symbolique en présence du personnel cultuel d'Inanna, du roi et de la statue divine. D'ailleurs, il y a des rituels du mariage sacré qui font allusion à la statue divine. Le rite avait plusieurs fonctions, comme initier une prêtresse à sa fonction ou déifier un roi. Par contre, il est tout à fait possible que dans sa forme archaïque, une union sexuelle fût célébrée, contrairement à la période néo-sumérienne.

---

217. La statue divine est tellement importante que ce n'est pas un menuisier qui sculpte la statue, c'est la divinité qui utilise le menuisier pour sculpter son image et qui décide quand commence le travail et dans quel matériau.

Confusions autour du mariage d'Inanna

On retrouve le couple Inanna/Dumuzi dans trois contextes qui ont souvent été confondus. Ils ont longtemps été regroupés sous une seule étiquette, celle du « mariage sacré entre le roi et une prêtresse-prostituée », directement héritée de Frazer. Aujourd'hui, les assyriologues savent qu'il faut faire preuve de prudence avec les textes pour les répertorier convenablement et qu'aucune prostituée n'intervenait dans les rituels. Seule une minorité d'assyriologues défend encore un rite sexuel.

- **Le mariage sacré entre les deux divinités :** ce rite relève d'un culte de la fertilité, comme celui de Bau et Ningirsu, An et Nanaya, etc. Tout se jouait entre les divinités. Les prêtres et les prêtresses parlaient au nom des divinités représentées par leur statue.
- **La poésie de cour :** Inanna et Dumuzi sont l'archétype des jeunes mariés. Leurs attentes et leurs craintes sont celles des jeunes gens. La poésie érotique est un genre à part entière, ce sont des chants d'amour que l'on retrouve jusqu'au Ier millénaire avant notre ère.
- **Le mariage sacré entre le roi et la déesse :** ce rite est assez facile à identifier puisque le nom du roi est indiqué, ainsi que les fonctions qu'il obtient grâce à son mariage avec Inanna. Ce n'est pas la fertilité qui est au centre du rite, mais la légitimité du roi.

Ce que l'on peut retenir, c'est que les connaissances des assyriologues se sont affinées. Il existe toujours des zones floues, des controverses et de nouvelles interprétations. Le sujet est loin d'être clos et entièrement compris. Il est surtout beaucoup moins romantique ou mystique que ce que l'on peut imaginer. J'ai bien conscience que les recherches sur le mariage sacré et la prostitution sacrée bousculent des dogmes de l'ésotérisme, plus particulièrement ceux de la magie sexuelle. Cela n'enlève rien à la légitimité et à l'efficacité de ces pratiques. Ce qui change, c'est l'origine historique. La magie sexuelle ne découle pas de rites orientaux anciens, mais de la vision qu'en avaient les Occidentaux du XIXe siècle. En d'autres termes, ils étaient vus avec les filtres du christianisme et de la colonisation. Aujourd'hui, l'assyriologie a conscience de ce biais et se montre critique face à certaines vieilles affirmations. Encore une fois, Jean Bottéro et James George Frazer sont des auteurs qui méritent d'être lus et dont il serait absurde de rejeter les œuvres. Leurs travaux sur la sexualité sacrée sont un point de départ qui a été complété et dépassé depuis plus de trente ans. C'est l'évolution normale de tout travail de recherche. L'erreur serait de prendre leurs travaux pour des vérités immuables et irrévocables parce qu'elles flattent nos croyances et notre ego.

Temps et lieux du mariage sacré

Le temps du mariage sacré

Les textes religieux et les correspondances royales donnent des informations sur le moment où se déroulait le rite. Par exemple, à l'époque du roi Iddin Dagan[218], le rite royal se déroulait annuellement à la première nouvelle lune de la nouvelle année *(zag-mu)* :

> *Au Nouvel An, le jour des rites [afin qu'elle détermine le sort de tous les pays] [...], pour que pendant le jour (?) les fidèles serviteurs soient inspectés, pour que le jour de la disparition de la lune les pouvoirs divins soient perfectionnés, un lit est dressé pour ma dame*[219].

---

218. Roi d'Isin qui régna de 1974 à 1954 avant notre ère.
219. « A *šir-namursaga* to Ninsiana for Iddin-Dagan (Iddin-Dagan A) », in *ETCSL*, t. 2.5.3.1, v. 173-177, consultable sur : https://etcsl.orinst.ox.ac.uk/cgi-bin/etcsl.cgi?text=t.2.5.3.1#

Le rite divin (entre Dumuzi et Inanna), lui, pouvait se dérouler mensuellement, à la nouvelle lune :

> *Le jour de la disparition de la lune, le jour fixé (?), le jour où le divan sera inspecté, le jour où le seigneur fera l'amour, accorde la vie au seigneur et donne le bâton et la crosse au seigneur*[220] *!*

La nouvelle lune est associée à Inanna. Elle se dit *ud* nu_2*-a* et marque la fin du mois et le début du mois suivant. Pour les Mésopotamiens, la nouvelle lune marquait un temps de transformation, la fin d'un cycle et le début d'un nouveau. Il revenait donc à la déesse d'actualiser les *me* (les pouvoirs divins) lors de ce moment de transition important pour s'assurer de la continuité du cosmos[221].

Toutes les unions divines ne se déroulaient pas au printemps, le mariage de Bau (déesse de la Guérison) et Ninğirsu (divinité agraire) se déroulait à l'automne par exemple[222]. Pour les périodes néo-assyriennes et néo-babyloniennes, les dates varient. Le mariage de Nabu et Tašmetu se déroulait vers avril/mai, et celui de Marduk, le roi babylonien des dieux, se déroulait en janvier.

Les lieux du mariage sacré

Le rite se déroulait dans deux endroits : au temple, où était dressé le lit fleuri et parfumé, et au palais, le domaine de Dumuzi. C'était là que la déesse et le dieu/roi se rencontraient. La désignation des lieux varie selon les textes :

---

220. « A song of Inanna et Dumuzi (Dumuzi-Inanna D1) », *op. cit.*

221. En ces temps où les violences transphobes et homophobes sont en augmentation, il est bon de rappeler qu'en Mésopotamie, tous les mois, Inanna et son clergé queer sauvaient le monde du chaos.

222. Lapinkivi (Pirjo), *The Sumerian Sacred Marriage in the Light of Comparative Evidence*, *op. cit.*, p. 78.

Domaine d'Inanna	**Domaine de Dumuzi**
L'Énamtila (maison du roi et d'Inanna)	Le palais royal
Gipar de l'Eanna (« cloître » du temple)	La maison de l'homme
La maison d'Inanna	La bergerie
Le lit fleuri	La steppe
La maison familiale d'Inanna	Le jardin

Dumuzi faisait la cour à Inanna au palais. C'est aussi le lieu des fiançailles et du banquet, tandis que l'union se faisait au temple. Certains textes font part de la tristesse de la déesse qui est abandonnée dans la « bergerie » par son époux alors qu'il rentre au palais :

Mon chéri était venu me trouver :
Il avait pris son plaisir avec moi, et nous avions été heureux ensemble !
Mon frère m'avait conduite chez lui
Et m'avait allongée sur son amène couche parfumée !
Lors, étendu contre mon "cœur", mon doux chéri,
Un coup de langue après l'autre, un [...] après l'autre
Mais ensuite, les mains sur les hanches (?)
Mon doux chéri, une fois assouvi, (m'a dit :)
Laisse-moi m'en aller, ma Sœur, laisse-moi m'en aller !
Eh, oui ! Ma sœur aimée, je m'en retourne au Palais [...][223]

Le roi et la déesse n'étaient pas seuls, mais accompagnés par des musiciens et des prêtres. Un grand banquet était organisé et de nombreuses offrandes étaient faites à la divinité. Le rituel était royal, donc le peuple ne participait pas, mais il est très probable que lui aussi se réjouissait de ce mariage, bien que les assyriologues n'aient pas d'informations à ce sujet.

---

223. Bottéro (Jean) et Kramer (Samuel Noah), *L'Érotisme sacré à Sumer et à Babylone*, Berg International, Paris, 2011, p. 106.

Les chants d'amour : de Sumer au Cantique des cantiques

L'amour courtois à Sumer

Il existe une longue tradition de chants d'amour entre Inanna et Dumuzi et Ištar et Tammuz (version akkadienne du couple), mais aussi autour d'autres divinités dans l'histoire littéraire de la Mésopotamie. Inanna et Dumuzi formaient un couple archétypal, un idéal amoureux comme le sont Tristan et Yseult ou Roméo et Juliette pour nous. D'ailleurs Gwendolyn Leick[224] compare à juste titre les chants d'amour sumériens avec les poèmes d'amour courtois du Moyen Âge. En effet, dans les deux cas, l'amour est idéalisé et magnifié. En Mésopotamie, il devient un idéal culturel incarné par un couple mythique connu de tous : Inanna et Dumuzi. Bien entendu, les poèmes sumériens sont très érotiques, mais les poèmes médiévaux pouvaient l'être également. Cet idéal sumérien de l'amour physique et sentimental va s'exporter dans d'autres littératures, comme les hymnes royaux où le roi devient l'amant d'une déesse. Dans ces poèmes et dans les rites, l'érotisme est élevé au rang d'art, une conduite tout à la fois civilisée et divine[225]. Quand on lit les chants d'amour entre Inanna et Dumuzi, on se rend compte que le couple s'exprime comme un couple humain avec les mêmes préoccupations. On est donc très loin d'un rite de fertilité si cher au mariage sacré.

Que ce soit dans les rites ou dans les chants d'amour, on retrouve des thèmes communs.

---

224. Leick (Gwendolyn), *Sex and Eroticism in Mesopotamian Literature*, Routledge, Abingdon-on-Thames, 1994.
225. *Ibid.*, p. 129.

La vierge, la mariée

Quelles que soient les époques, dans les chants d'amour, la déesse est toujours présentée comme une femme vierge, une adolescente, une fiancée ou une nouvelle mariée. Dans ce type de littérature, toutes les fiancées et tous les fiancés peuvent s'identifier aux deux divinités. Les poèmes décrivent les pratiques des mariages permettant de rassurer les futurs mariés et d'inculquer les valeurs traditionnelles mésopotamiennes sur celui-ci. Par exemple : l'harmonie dans le mariage a pour source l'épanouissement sexuel, qu'un mariage fécond est une bénédiction des dieux, etc. Le mariage était perçu comme un rite initiatique, c'est un changement d'état, la jeune fille devient une épouse et quitte la maison paternelle. C'est elle qui est au cœur des poèmes relatant tous ses états : la puberté (il ne faut pas oublier que les filles étaient mariées vers quatorze ans, voire moins), les premiers émois, la rencontre de l'être aimé, la crainte d'être séparés, l'attente interminable jusqu'au mariage, le plaisir dans les bras de l'aimé. La mariée et sa vulve sont glorifiées, et c'est l'épouse qui parle le plus d'amour et de désir, c'est elle qui est dans l'attente de la réalisation de sa volonté : s'unir à l'homme qu'elle aime.

> *Elle la désire, elle la désire, elle la désire, elle désire la couche. Elle désire la couche de la joie du cœur, elle désire la couche. Elle désire la couche de la douce étreinte, elle désire la couche. Elle désire la couche royale, elle désire la couche. Elle désire la couche de la reine, elle désire la couche de la reine, elle désire la couche*[226].

Pour la soutenir pendant cette attente et répondre à toutes les questions ainsi qu'à tous les doutes qui en découlent, elle est entourée par ses amies. Celles-ci chantent avec et pour la fiancée le bonheur du mariage ainsi que les qualités de l'époux :

---

226. « A song to Inana and Dumuzi (Dumuzid-Inana D1) », in *ETCSL*, t. 4.08.30, v. 18-22, consultable sur http://etcsl.orinst.ox.ac.uk/cgi-bin/etcsl.cgi?text=t.4.08.30#

Cette vulve [...] comme une corne [...] un grand chariot, mon bateau du Ciel amarré, vêtu de beauté comme le nouveau croissant de lune, ce terrain vague abandonné dans le désert, ce champ de canards où mes canards sont assis, ce haut champ bien irrigué, mon propre sexe, celui de la jeune fille (ki-sikil), *ce monticule bien irrigué et ouvert, qui sera son laboureur ? Ma vulve, celle de la dame, la terre humide et bien arrosée, qui y mettra un bœuf*[227] *?*
C'est l'homme de mon cœur ! C'est l'homme de mon cœur ! Frère, c'est l'homme qui a parlé à mon cœur ! Il ne cultive pas, mais il amasse des tas de grains ; il livre régulièrement des grains à l'entrepôt. Un fermier qui a de nombreux tas de [grains]. Un berger dont les moutons sont lourds (?) de laine[228]*.*
Oh ! Que ma poitrine est gonflée !
Quelle toison a recouvert ma vulve !
Soyons heureuses : je rejoins le giron de mon bien-aimé, généreux et munificent !
Dansez, dansez, vous (toutes) !
Par Ba'u (déesse de la Guérison), *soyons joyeuses en pensant à ma vulve*[229] *!*

La mariée est une *ki-sikil* (littéralement : terre pure), une jeune fille, c'est-à-dire une femme qui a atteint la puberté et qui n'est pas mariée ou qui n'a pas encore eu de relations sexuelles[230]. Cependant la virginité n'était pas une condition au mariage, elle n'était ni attendue

227. « A *balbale* (?) to Inana (Dumuzid-Inana P) », in *ETCSL*, t. 4.08.16, v. 18-28, consultable sur http://etcsl.orinst.ox.ac.uk/cgi-bin/etcsl.cgi?text=t.4.08.16#
228. « A *balbale* to Inana (Dumuzid-Inana A) », in *ETCSL*, t. 4.08.01, v. 51-56, consultable sur http://etcsl.orinst.ox.ac.uk/cgi-bin/etcsl.cgi?text=t.4.08.01#
229. Bottéro (Jean) et Kramer (Samuel Noah), *L'Érotisme sacré de Sumer à Babylone*, Berg International, Paris, 2011, p. 98.
230. La *ki-sikil* est la jeune femme non mariée et considérée comme vierge, autrement dit une adolescente. Dans les textes légaux, il existe un terme spécifique pour désigner une vierge : *a/e-nu-gi*$_4$*-a* en sumérien ou la *naqbat* en akkadien.

ni vérifiée, ce qui était demandé à l'épouse, c'était d'être fidèle à son mari[231].

Si les mariages d'amour existaient bel et bien, le plus souvent, ils étaient arrangés par les familles avec ou sans l'accord des jeunes gens pour des raisons socio-économiques.

Dans le cadre du rite royal, il y a aussi un chœur féminin qui était sans doute le personnel cultuel d'Inanna tandis que le roi était accompagné par des prêtres. Comme dans les poèmes d'amour, la déesse est impatiente de retrouver son futur époux. Ce qui change, c'est l'objectif de l'union entre le roi et la déesse. Si la joie et le bonheur de l'union sont présentes, se sont les pouvoirs accordés par la déesse au roi qui sont mis en valeur :

> *[...] Le devoir de construire des temples pour les dieux, de leur fournir leur portion quotidienne, de purifier leurs temples élevés et de sanctifier leurs dais, d'assurer leur liqueur quotidienne, leur sirop et leur bière de choix dans leurs salles à manger – tout cela a été accordé à Inanna et Išme-Dagan par Enlil et Ninlil*[232].

Le roi, l'époux

Dumuzi ou le roi représente l'époux ou l'amant par excellence. Il est aussi épris et plein de désir que sa future épouse. C'est lui qui va vers elle puisque le jour du mariage, le fiancé se rendait à la maison de sa fiancée avec des amis et des présents. Dans les poèmes d'amour, tout comme dans le rite royal, Inanna se félicite de son choix et de la bénédiction accordée par les parents et les divinités :

---

231. La seule exception est l'Assyrie où l'isolement et la surveillance des femmes jusque dans leur sexualité est beaucoup plus marquée que dans le reste de la Mésopotamie.
232. « A hymn to Inanna for Išme-Dagan (Išme-Dagan K) », in *ETCSL*, t. 2.05.11, v. 36-42, consultable sur https://etcsl.orinst.ox.ac.uk/cgi-bin/etcsl.cgi?text=t.2.5.4.11#

J'ai regardé tout le peuple, et j'ai choisi Dumuzi comme dieu de la Terre. Pour Dumuzid[233]*, aimé d'Enlil, j'ai exalté son nom et décrété son destin. Ma mère le chérit constamment, et mon père fait son éloge*[234]*.*
Que le seigneur que tu as choisi avec ton cœur, le roi, ton bien-aimé époux jouisse de longs jours dans ton étreinte sainte et douce ![235]
Tu as [...] tourné l'œil de vie favorable vers la chambre à coucher, et Išbi-Erra[236] *est le jeune choisi pour sa beauté*[237]*.*

L'époux est le berger attentionné qui prend soin de son troupeau et le fermier qui permet aux greniers d'être pleins :

Qu'il soit le berger des « têtes noires » (les Sumériens) ; qu'il rende productifs les champs comme un fermier, qu'il multiplie les bergeries comme un berger de confiance[238]*.*
Je suis Šulgi[239]*, le bon berger de Sumer [...].*

Il est pourvoyeur de plaisir et d'abondance, à l'image de son épouse. Dumuzi est loué pour son goût de miel et son lait crémeux qui plaisent tant à Inanna. Il est le laboureur du champ et l'eau qui l'irrigue, l'arbre tendu fièrement vers le ciel, le refuge de la déesse, le gardien du jardin et un roi. En d'autres termes, il est complémentaire à l'épouse :

233. Dumuzi est également appelé Dumuzid, les deux formes sont attestées dans les textes. Son nom akkadien est Tammuz.
234. « A *balbale* (?) to Inana (Dumuzid-Inana P) », *op. cit.*, v. 22-27.
235. « A song to Inana and Dumuzi (Dumuzid-Inan D1) », in *ETCSL*, t. 4.08.30, v. 36-37, consultable sur http://etcsl.orinst.ox.ac.uk/cgi-bin/etcsl.cgi?text=t.4.08.30#
236. Fondateur de la première dynastie d'Isin, il régna d'environ - 2017 à - 1985.
237. « A *tigi* to Nanaya for Išbi-Erra (Išbi-Erra C) », *op. cit.*, v. 41.
238. « A song to Inana and Dumuzi (Dumuzid-Inana D1) », *op. cit.*, v. 47-49.
239. Roi de la troisième dynastie d'Ur. Il régna d'environ -2094 à 2047.

En arrivant, tu produis la Vie ! En arrivant dans la « maison », tu apportes l'abondance ! Être couchée auprès de toi est mon plus grand bonheur[240] *!*

Le jardin

Le jardin représente souvent le monde, le paradis et l'Univers. On le voit notamment en Perse, où « l'amour des jardins est le thème central de la vision du monde iranienne[241] ». Il a une charge érotique très forte, tout comme le fruit dont j'ai déjà parlé. Le jardin symbolise la femme, la bien-aimée, l'amante dont on se languit. C'est aussi ce qui ressort du *Cantique des Cantiques*, où le jardin symbolise un lieu paradisiaque et de plaisir, mais aussi le corps et le sexe de la bien-aimée. On retrouve cette image dans les poèmes mésopotamiens où l'épouse est un champ qui doit être arrosé par la semence de l'époux. Il existait même une expression pour dire faire l'amour : « aller au jardin ». Les poèmes d'amour entre Dumuzi et Inanna regorgent de métaphores sur le jardin. Celui-ci est le corps de la déesse et la semence du dieu devient l'eau vivifiante qui l'irrigue. Le fruit et le jardin sont les métaphores privilégiées pour parler de la sexualité au Proche-Orient.

Dans la pensée chrétienne, le jardinier est vu comme le démiurge et le jardin, la création ou le monde. Lors de la résurrection du Christ, Marie-Madeleine le confond avec le jardinier. À partir de cet épisode, tout un symbolisme va se mettre en place : Jésus est le jardinier des âmes. Il les prépare à leur entrée dans au paradis vu comme le jardin d'Éden.

---

240. Bottéro (Jean) et Kramer (Samuel Noah), *L'Érotisme sacré de Sumer à Babylone, op. cit.*, p. 97.

241. « Jardin », in *Dictionnaire des symboles*, éd. rev. et corr., coll. « Bouquins », Robert Laffont, Paris, 1982, p. 613-617.

Le jardinier-roi est un thème important du mariage sacré. Dans les textes mésopotamiens, le jardin pourrait être compris comme le lieu de l'initiation au pouvoir tandis que le jardinier est l'initié aux mystères de la vie et de la mort. Le jardin pourrait aussi être une métaphore pour désigner un pays ou une ville, ce qui fait du roi le jardinier. Celui-ci apprend avec patience le cycle des saisons, à prendre des décisions, faire fructifier ses plantes et ses fruits. On pourrait dire que le jardin fait de lui le roi en lui accordant ses bienfaits. Le jardin à Sumer n'est pas synonyme de nourriture, mais de bien-être, de luxe, de luxure et d'abondance. Il est le domaine des dieux tandis que les champs cultivés qui permettent de se nourrir sont le domaine des hommes[242]. Le champ cultivé représente la fécondité et le monde des hommes tandis que le jardin représente le plaisir et le monde divin. Un bon jardinier donne un bon roi, tandis qu'un mauvais jardinier donne un mauvais roi. Si le roi-jardinier est juste et parfait, alors l'arbre divin sera en bonne santé, garantissant ainsi la pérennité de l'ordre cosmique.

Dès l'époque sumérienne, le roi commence à être assimilé à un arbre, faisant le lien entre le ciel et la terre. Ce symbole évoluera vers l'arbre de vie dans l'iconographie royale assyrienne qui est à la fois une représentation du roi et une représentation des divinités, notamment du dieu suprême des Assyriens, Aššur. Le nom de ce dieu s'écrit avec les signes AN. ŠAR que l'on peut traduire par « ciel infini ». À l'époque assyrienne, plusieurs tablettes lexicales confirment le lien entre le roi et l'arbre puisque l'on trouve cette entrée : *^{giš}gišimmar* = *sarru* (palmier dattier = roi[243]). Dans le rite, le roi, par son union avec

242. Rendu Loisel (A.-C.), « Heurs et malheurs du jardinier dans la littérature sumérienne », in Bardu (Daniel), Borgeaud (Philippe) et alii (éd.), *Mondes Clos. Cultures et jardins*, Infolio éditions, Gollion, 2013, p. 67-84.
243. Lapinkivi (Pirjo), *The Sumerian Sacred Marriage in the Light of Comparative Evidence*, *op. cit.*, p. 115.

la déesse, devient un « arbre sacré », offrant un abri pour son peuple et un symbole de la présence du divin dans le monde. Par exemple dans le mythe d'Enmerkar et le seigneur d'Aratta, Enmerkar est décrit comme un arbre :

> *C'est ce que mon maître a dit, c'est ce qu'il a dit. Mon roi est comme un énorme arbre meš (arbre indéterminé) [...] fils d'Enlil ; cet arbre a grandi unissant le ciel et la terre ; sa couronne atteint le ciel, son tronc est posé sur la terre. Celui qui est fait pour briller dans la seigneurie et la royauté m'a donné une tablette d'argile*[244].

Ce passage de l'un des plus anciens mythes mésopotamiens résume, à lui seul, le lien entre l'arbre et la royauté que l'on retrouve également dans la poésie érotique lorsqu'Inanna appelle Dumuzi « mon jardin fécond de grands arbres[245] », ou encore quand elle dit « je ferai pousser mon roi comme un arbre meš dans la cour[246] ». La couche nuptiale est également comparée à un jardin de fleurs, tout comme la vulve de la fiancée.

De manière générale, la végétation est un élément central chez Inanna. Le monde végétal apparaît très souvent dans des tournures métaphoriques comme nous l'avons vu. Dès que la déesse apparaît, la végétation croît, c'est une manifestation visible de son pouvoir sur la fertilité :

> *Quand elle se lève de l'étreinte du roi, le lin se lève avec elle, l'orge se lève avec elle. Avec elle, le désert se remplit d'un jardin glorieux*[247].

---

244. « Enmerkar and the Lord of Aratta », in *ETCSL*, t. 1.8.2.3, v. 518-524, consultable sur http://etcsl.orinst.ox.ac.uk/cgi-bin/etcsl.cgi?text=t.1.8.2.3#
245. « A *balbale* to Inana (Dumuzid-Inana B) », in *ETCSL*, t. 4.08.02, v. 29, consultable sur http://etcsl.orinst.ox.ac.uk/cgi-bin/etcsl.cgi?text=t.4.08.02#
246. « A *balbale* to Inana (Dumuzid-Inana F) », in *ETCSL*, t. 4.08.06, v. 14, consultable sur http://etcsl.orinst.ox.ac.uk/cgi-bin/etcsl.cgi?text=t.4.08.06#
247. « A *balbale* (?) to Inana (Dumuzid-Inana P) », *op. cit.*, v. 1-11.

Dans cet extrait, elle apporte la fertilité et transforme le désert en jardin luxuriant. La végétation est également un moyen de décrire la convoitise et le désir de la déesse :

Moi, Inanna, je vais regarder avec émerveillement le feuillage[248].

Les plantes sont son corps, sa volonté, ses émotions, sa sexualité et sa force. En un sens, elle est une déesse végétale, la personnification de la nature.

Le lit fleuri

Élément essentiel du mariage, le lit fleuri se lit en sumérien *ĝiš-nu$_2$ gi-rin-na*. Le terme est à comprendre au sens littéral, car il était recouvert d'une couverture en lin[249]. Mais il y a aussi une lecture métaphorique. Le terme que l'on traduit en français par fleuri est *girin*. Il signifie fleur, arbre, fruit, mais aussi ce qui est pur et ce qui est clair. *Girin* est employé pour parler de l'eau claire, de la finesse d'un plat, etc. On retrouve dans ce mot l'association pureté/lumière qui est importante dans la pensée mésopotamienne. On touche là un motif ésotérique mésopotamien qui est encore mal compris : la fleur. Elle est intimement liée à Inanna et elle se rapporte à la sexualité, la pureté, la lumière, la fertilité ainsi qu'à la puissance. Sans aucun doute, la fleur est un symbole de vie, mais elle semble se rapporter à un concept religieux qui est encore flou en lien avec la création et la lumière.

Les bienfaits du mariage

Bien évidemment, l'amour du couple est exalté. Le mariage divin ou profane a pour objectif l'abondance : avoir des enfants, du plaisir

248. « A *balbale* to Inana (Dumuzid-Inana F) », *op. cit.*, v. 1.
249. Soffer (Philippe), *Les Fleurs dans la littérature sumérienne. Approche linguistique et thématique*, consultable sur https://www.academia.edu/44258553/Article_fleurs_et_poésie_sumérienne

sexuel et de l'harmonie dans le couple à l'image de l'harmonie et de l'équilibre de l'univers. Dans le cas du rite royal, il s'agit plus d'un transfert du divin et des compétences. Inanna est la dépositaire des *me*, ces décrets qui organisent l'univers et auxquels humains et dieux sont soumis. En s'unissant avec le roi, elle lui transmet les pouvoirs des dieux pour lui permettre de régner sur les hommes (sagesse, force, commandement, royauté, justice, protection divine, abondance, civilisation, etc.), comme le montre ce poème au roi Ur-Ninurta, sixième roi de la dynastie d'Isin :

> *Inanna est suprême, avec de multiples pouvoirs divins surpassant les autres dames divines. Elle a perfectionné les plans divins de la royauté, afin de la rétablir, et elle prit sa décision et désira vraiment rendre justice aux têtes noires et leur donner une gouvernance stable. Parmi les nombreuses personnes, elle a appelé Ur-Ninurta à être le berger des êtres vivants. Elle fit humblement entrer le roi qu'elle prit par la main dans le […] où les destins sont déterminés, où les bons pouvoirs divins sont assignés aux grands dieux : l'É-kur, la demeure sainte d'An et d'Enlil qui est imprégnée d'une terrifiante crainte. C'est là que la déesse, sans laquelle aucun destin n'est déterminé dans le ciel ou sur la terre, est assise sur l'estrade avec An et Enlil, prenant conseil avec eux.*
> *[…]*
> *« Jeune aux membres beaux et bien formés […] rayonnant et levant fièrement la tête, plein de charme et de beauté, digne de seigneurie, digne de l'estrade sainte, Ur-Ninurta : J'ai décidé de te donner tes précieux pouvoirs divins. Je t'ai appelé quand tu as levé ton regard fidèle : tu es celui que j'ai appelé par son nom. Le grand An a fait de toi une figure prééminente à jamais, jusqu'aux limites des montagnes. Pour prolonger tes jours, ô jeune (homme), dans E-kur, Enlil, a commandé mon […] étreinte sacrée et vivifiante. Tu ne cesseras pas de t'asseoir sur […] l'estrade que j'aime. Que les terres étrangères se réjouissent*

pour toi, mon Ur-Ninurta, comme Nanna quand, admiré par la Terre, il apparaît dans les saints cieux[250]. »

Le texte a été abrégé, il manque l'exaltation du roi par Enlil qui n'apporte pas grand-chose à notre étude. Au début du poème, la déesse est présentée comme l'égale des grands dieux et la plus puissante des déesses. Elle a choisi Ur-Ninurta pour régner sur les Sumériens avec l'accord des deux grands dieux An et Enlil. Il est très clairement indiqué que le roi reçoit des pouvoirs divins de la déesse pour bien gouverner sur le monde (terre, ciel, contrées éloignées…), pouvoirs obtenus lors d'une « étreinte sacrée et vivifiante ».

Inanna le prend par la main. Elle joue le rôle d'une *lama*, une divinité médiatrice et protectrice, qui prend la main d'un orant pour le présenter aux grands dieux. Ce motif apparaît lorsque le frère d'Inanna la prend par la main après qu'elle a mangé le fruit et dans l'*Épopée de Gilgameš*, lorsque la courtisane emmène Enkidu, nouvellement « civilisé » à la ville.

Inanna est la coupe remplie de la puissance divine qui se déverse sur le roi lors du rituel avec l'accord des grands dieux. À Isin, ce transfert des pouvoirs divins par la déesse faisait du roi l'équivalent d'un dieu, ce qui explique la présence du déterminatif divin devant les noms des rois de la cité. La déesse est la lumière des grands dieux, celle qui tient dans ses mains tous les pouvoirs et qu'elle offre au roi qui devient un arbre divin.

Le Cantique des Cantiques *et le mariage de Nabu et Tašmetu*

Quand on lit les poèmes d'amour de Mésopotamie, on peut voir des similitudes avec le *Cantique des Cantiques* dans l'Ancien Testa-

250. « A *šir-namgala* (?) to Inana for Ur-Ninurta (Ur-Ninurta A) », in *ETCSL*, t. 2.5.6.1, consultable sur http://etcsl.orinst.ox.ac.uk/cgi-bin/etcsl.cgi?text=t.2.5.6.1#

ment. Cependant, on ne peut pas comparer directement des textes sumériens du IIIe millénaire avec des textes juifs du Ier millénaire, il y a beaucoup trop d'écarts temporels. Cela dit, on peut sans difficulté comparer l'hiérogamie entre Nabu et Tašmetu et le *Cantique des Cantiques* pour plusieurs raisons : les deux sont de la même période et ils ont sans doute été rédigés dans le nord de la Mésopotamie. Le *Cantique des Cantiques* a été rédigé en Assyrie ou en Babylonie après les déportations des juifs vers - 722, - 597 et - 587[251]. De plus, le rite entre Nabu, le dieu de l'Écriture et Tašmetu[252], une hypostase d'Inanna/Ištar, est l'héritier des rites sumériens des mariages divins. On y retrouve les mêmes thèmes. L'autre intérêt de comparer ces deux textes est que Nabu est attesté dans l'Ancien Testament dans le livre d'Esaïe (Es 46 : 1) : « Bel s'agenouille, Nebo se courbe[253]. » Il est donc certain que les lettrés juifs en exil connaissaient les deux divinités babyloniennes et leurs fêtes.

Le *Cantique des Cantiques* est un livre de l'Ancien Testament qui a provoqué des débats passionnés en raison de sa sensualité et de son érotisme. Traditionnellement attribué à Salomon (xe siècle avant notre ère), il a sans doute été compilé entre le VIe et le IIIe siècle avant Jésus-Christ, avant d'être intégré au Ier siècle de notre ère au canon juif. De nos jours, il est toujours un texte liturgique lu lors du sabbat de Pessa'h[254].

Le *Cantique des Cantiques* est un dialogue érotique entre deux amoureux entrecoupés de chœur de femmes et d'hommes. Généra-

---

251. Le deuxième livre des Rois, aux chapitres XVII et XVIII, raconte les campagnes néo-assyriennes et néo-babyloniennes contre les royaumes d'Israël et de Judas, ainsi que la déportation des habitants de Samarie et de Jérusalem vers l'Assyrie.
252. En Assyrie le rite avait lieu entre Nabu et Tašmetu tandis qu'en Babylonie, c'était entre Nabu et Nanaya, la déesse de la volupté.
253. *La Nouvelle Bible Segond. Édition d'étude, op. cit.*
254. Fête juive qui célèbre l'Exode hors d'Égypte. La fête dure entre sept ou huit jours entre mars et avril. Cette fête marque également le début de la saison agricole.

lement, les exégètes juifs et chrétiens en font une lecture allégorique et le considèrent comme une représentation de l'amour entre Dieu et son peuple ou entre Jésus et l'Église.

Le rite assyrien du mariage sacré entre les deux divinités a pour objectif d'apporter la fertilité et la prospérité à l'empire tout entier, c'est la puissance divine qui se répand sur le pays et qui garantit sa stabilité et son expansion. C'est donc une interprétation un peu différente du rite sumérien. Les deux statues divines étaient portées en procession, puis installées dans la chambre à coucher pendant quatre jours avant d'en ressortir pour un grand banquet.

Le *Cantique des Cantiques*[255]	**Le mariage de Nabu et Tašmetu[256]**
Ct8:10 : Je suis un rempart et mes seins sont vraiment des tours ? Ct3:3 : Ils me rencontrent, les gardes, qui font le tour de la ville : « Celui que j'aime, vous l'avez vu ? »	(6-7) À celle du rempart, à celle du rempart, à Tašmetu, dites-lui : « Descend et assis-toi dans le sanctuaire. »
Tašmetu est associée aux tours et aux remparts. C'est une déesse protectrice et une gardienne des seuils. On retrouve la même thématique associée à la bien-aimée dans le *Cantique des Cantiques*.	

255. Traduction œcuménique de la Bible, Bibli'O/Société Biblique Française, Les Éditions du Cerf, Paris, 2010.

256. Traduction de Matsushima (Eiko), « Le rituel hiérogamique de Nabu », in *Acta Sumerologica*, vol. 9, 1987, p. 131-175.

<table>
<tr><td>Ct1:17 : Les poutres de notre maison sont les cèdres, et nos lambris les genévriers.</td><td>(9) L'ombre du cèdre, l'ombre du cèdre, l'ombre du cèdre, c'est le refuge du roi.
(11) L'ombre du tronc (?) de genévrier, c'est le refuge de Nabu.</td></tr>
<tr><td colspan="2">En Mésopotamie, l'ombre est protectrice, tout comme la maison. Le cèdre et le genévrier sont deux essences odoriférantes précieuses et utilisées dans les rites mésopotamiens. Dans la Bible, le cèdre et le cyprès/genévrier[257] sont des matériaux précieux utilisés pour la construction du temple. La maison du Cantique est le temple de Jérusalem.</td></tr>
<tr><td>Ct1:4 : Le roi me fait entrer dans sa chambre : « Soyons heureux et joyeux grâce à toi. »
Ct1:10 : Tes joues sont jolies au milieu des bijoux, ton cou est beau au milieu des colliers[258].
Ct6:2 : Mon chéri descend à son jardin, aux parterres embaumés, pour paître au jardin et pour cueillir des lys.</td><td>(13-14) Mon seigneur, mets-moi des pendants d'oreilles, laisse-moi te donner du plaisir dans le jardin, Nabû mon chéri, mets-moi une boucle d'oreille, laisse-moi te rendre heureux[259]…</td></tr>
<tr><td colspan="2">Les métaphores érotiques abondent dans les deux textes. Le jardin, le fruit, la fleur sont autant de références au corps et au sexe de la bien-aimée. Comme l'épouse du rite mésopotamien, la fiancée du Cantique est parée de bijoux en or et en pierres précieuses.</td></tr>
</table>

257. En hébreu biblique, le mot signifiant cyprès désigne aussi le sapin et le genévrier.
258. Traduction de *La Nouvelle Bible Segond. Édition d'étude, op. cit.*
259. Traduction de Römer (Thomas) « Amitiés, amours, sexualités : partie 1 sur 2 », Collège de France [en ligne], consultable sur https://www.college-de-france.fr/site/thomas-romer/Amities-amours-sexualites-12.htm

Ct5:4 : Mon bien-aimé a passé la main par l'ouverture, mes entrailles ont frémi à cause de lui. Ct5:5 : Et de mes mains a ruisselé la myrrhe, et de mes doigts, la myrrhe s'est répandue sur la poignée du verrou[260].	(10) Elle en a fermé la porte, elle a mis le verrou de lapis-lazuli.
Dans les deux cas, la bien-aimée est enfermée dans sa chambre. Dans le rite babylonien, Nabu est dans la chambre avec son épouse. Dans le Cantique, le bien-aimé essaie d'entrer dans la chambre fermée[261].	
Ct4:16 : Que mon chéri vienne à son jardin et en mange les fruits de son choix ! Ct5:1 : Je viens à mon jardin, ma sœur, ô ma fiancée.	(20) Que mes yeux voient la cueillette de ton fruit. (26) Avec moi, ma Tašmetu, tu vas certainement venir au jardin.
Ici aussi, nous avons des allusions à la sexualité. Que ce soit dans le Bible ou dans le rite mésopotamien, la sexualité est abordée de manière poétique.	

Ce tableau ne montre pas toutes les similitudes entre le *Cantique des Cantiques* et le rite de Nabu et Tašmetu. Il existe d'autres points communs : le bien-aimé est comparé à un berger, à un frère et à un roi comme dans les poèmes d'amour mésopotamiens. Il y a également toute une métaphore érotique autour du jardin et de la sexualité dont je ne montre qu'une toute petite partie. On retrouve les chœurs féminins et masculins, la quête des amoureux qui se cherchent, l'arrivée de l'époux et l'exaltation de la sexualité et du désir. La parenté entre

260. Les deux versets sont issus de *La Nouvelle Bible Segond. Édition d'étude, op. cit.*
261. L'interprétation pudique dit que le bien-aimé essaie d'ouvrir la porte qui est fermée de l'intérieur. La version érotique suggère que l'ouverture en question est la vulve de la bien-aimée.

les deux textes est marquée et les textes mésopotamiens ont également pu influencer les traditions ésotériques juives, notamment l'élaboration de la Shekinah.

Comparaison avec la Kabbale

Les origines de la tradition ésotérique du judaïsme

La Kabbale est le courant ésotérique et mystique du judaïsme. En d'autres termes, si la Torah[262] est la loi écrite et publique, la Kabbale en est la connaissance orale et secrète. C'est un ensemble de spéculations métaphysiques sur Dieu, l'homme et la création, ainsi qu'un voyage personnel et intérieur vers Dieu. La Kabbale plonge ses racines dans le judaïsme synagogal[263], notamment dans sa littérature comme celle des *Hekhalot*[264] et le *Sefer Yetsirah*[265], mais aussi dans la littérature prophétique et apocalyptique avec Élie, Ézéchiel, Daniel ou encore Hénoch. Gershom Scholem[266] identifie deux grands foyers de développement de la Kabbale entre le XIIIe et le XIVe siècle : en Provence dans le Languedoc et en Espagne à Gérone. C'est dans

---

262. La Torah correspond au pentateuque des traditions chrétiennes, c'est-à-dire les cinq premiers livres de la Bible attribués à Moïse : Genèse, Exode, Lévitique, Nombres et Deutéronome.
263. Un des deux courants du judaïsme qui se développe après la destruction du Second temple de Jérusalem en 70 de notre ère. Le judaïsme synagogal est très marqué par la culture grecque et perse.
264. Les Hekhalot sont considérés comme les plus anciens livres mystiques du judaïsme même s'il n'y a pas de consensus scientifique sur leurs dates de rédaction et sur leurs provenances (Judée, Byzance, Babylone ?). Ils sont axés sur la *Merkaba* (le char divin) qui personnifie dieu, décrit dans Ézéchiel (*Merkaba* est un terme rabbinique qui n'est pas mentionné dans Ézéchiel).
265. « Le livre de la formation ou de la création », ce livre apparaît sous ce nom au Xe siècle, mais il pourrait dater du IIIe siècle de notre ère. Il décrit la création du monde par les lettres hébraïques, leurs combinaisons et les Sephiroth.
266. Scholem (Gershom), *Origins of the Kabbalah*, The Jewish Publication Society, Princeton University Press, 1987.

ces deux centres que furent compilés le *Sefer ha-Bahir*, le *Livre de la Clarté*, qui contient de nombreux éléments gnostiques et néo-platoniciens ainsi que le *Sefer ha-Zohar*, le *Livre de la Splendeur*. Le mysticisme juif est divisé en deux grands courants. Il y a d'abord le courant théosophique et théurgique axé sur la théorisation de la structure du monde divin et sur la voie expérimentale pour se relier à ce monde divin[267]. L'autre courant est extatique puisqu'il s'agit de l'expérience mystique personnelle qui prime.

L'arbre des Sephiroth et l'arbre de vie assyrien

La Kabbale développe la théorie des Sephiroth et d'En Sof. En Sof est « le sans limites », « l'Être infini », c'est-à-dire la divinité dissimulée et au-delà de toute compréhension, le dieu transcendant et créateur qui se manifeste à travers l'arbre des Sephiroth. Une Sephirah (singulier de Sephiroth) est une puissance divine ou émanation de l'énergie créatrice d'En Sof. Elles sont dix, représentées et ordonnées sous la forme d'un arbre où chaque Sephirah est un pouvoir ou un attribut d'En Sof numéroté de 1 à 10 :

1. **Kether :** la couronne ;
2. **Chokmah :** la sagesse ;
3. **Binah :** la compréhension ;
4. **Chesed :** la miséricorde ;
5. **Geburah :** la force ;
6. **Tipheret :** la beauté ;
7. **Netzach :** la victoire ;
8. **Hod :** la gloire ;
9. **Yesod :** la fondation ;
10. **Malkout :** le royaume.

267. Voir Lapinkivi (Pirjo), *The Sumerian Sacred Marriage in the Light of Comparative Evidence*, *op. cit.*, p. 100.

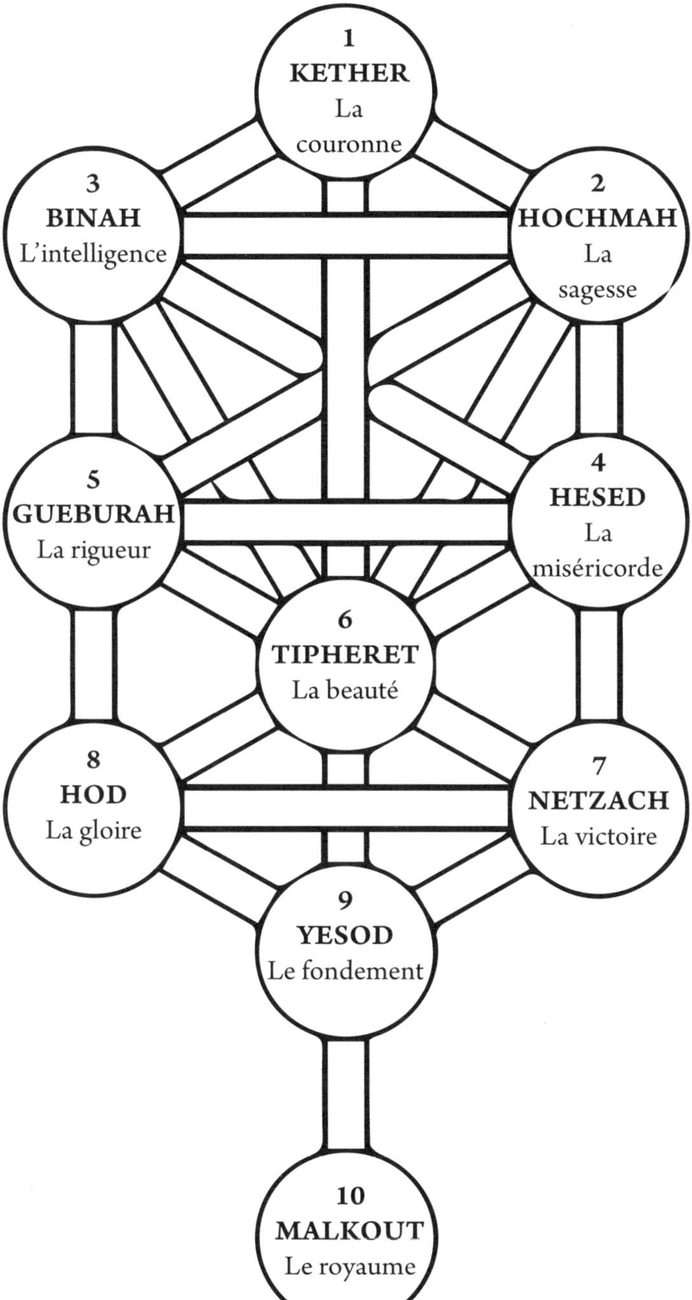

L'arbre des Sephiroth

À cela s'ajoute une onzième Sephirah cachée : Daath, la connaissance.

L'arbre n'est pas l'Être infini, mais son émanation. Cet arbre est également une représentation de la cosmogonie juive. C'est un arbre inversé, les racines sont en haut puisque tout vient des trois premières Sephiroth et les branches sont en bas avec pour cime, la dixième Sephirah. Chaque Sephirah est réceptrice et émettrice, à la fois masculine et féminine sauf Malkout (elle reçoit uniquement, donc elle est féminine) et Kether (émet uniquement, donc masculine). L'arbre de vie de la Kabbale est également la représentation d'Adam Kadmon, l'homme primordial, fait à la ressemblance de dieu et donc composé de la lumière divine des Sephiroth.

L'arbre de vie assyrien se présente de manière différente.

C'est un arbre stylisé, entouré de *Šedu* ou de *Lamassu* (des génies ailés protecteurs) et souvent surmonté du disque ailé du dieu Aššur, le dieu suprême des Assyriens. J'ai parlé plus haut de la symbolique royale de l'arbre de vie, mais beaucoup moins de sa fonction religieuse. Simo Parpola explique que :

> *[...] l'arbre représente ici l'ordre du monde divin maintenu par le roi en tant que représentant du dieu Aššur, incarné dans le disque ailé qui plane au-dessus de l'Arbre. [...] alors le roi lui-même, représentait la réalisation de cet ordre dans l'homme, en d'autres termes, une véritable image de Dieu, l'homme parfait*[268].

Cette idée de perfection se retrouve aussi dans le judaïsme avec le *Tzadik*, l'homme juste ou droit que l'on retrouve dans la pensée hassidique[269]. Dans la Kabbale, le *Tzadik*, l'homme juste, est associé

---

268. Parpola (Simo), « The Assyrian tree of life: Tracing the origins of Jewish monotheism and Greek philosophy », in *Journal of the Near Eastern Studies*, vol. 52, n° 3, 1993, p. 161-208.

269. Courant du judaïsme né au XVIIIe siècle en Europe de l'Est, de nos jours l'hassidisme est une branche du judaïsme orthodoxe.

L'arbre de vie assyrien
Détail d'un panneau mural en albâtre représentant un arbre de vie, Palais d'Aššurnasipal II (883-859 av. J.-C.), Nimrud, British Museum

à la neuvième Sephirah : Yesod. Elle harmonise toutes les forces des autres Sephiroth avant de se déverser sur la dixième Sephirah, Malkout. Pirjo Lapinkivi résume très bien le rôle du *Tzadik* :

> *Le Tzadik est un aspect de Dieu, mais aussi une image de l'être humain parfait, l'homme juste. Le Tzadik est la fondation du monde, conçu comme la puissance cosmique, qui supporte et maintient le monde au-dessus et au-dessous*[270].

En d'autres termes, le Tzadik est un médiateur entre le divin et le monde physique, entre le haut et le bas, entre Dieu et son peuple.

On peut donc voir les similitudes entre les arbres de vie des traditions juives et assyriennes :

	Kabbale	**Idéologie royale assyrienne**
Divinité	En Sof (l'Infini).	Aššur (l'Infini).
Représentation	L'arbre des Sephiroth.	L'arbre de vie.
Anthropomorphisme	Adam Kadmon, homme primordial à l'image de Dieu.	Le roi d'Assyrie, vicaire et image du dieu Aššur.
Le médiateur	Tzadik (Yesod), l'homme juste, intermédiaire entre le divin et le peuple hébreu.	Le roi, l'homme parfait, intermédiaire entre le monde divin et le monde physique.

La Shekinah

Après cette très sommaire présentation de la Kabbale et de l'influence des croyances assyriennes, revenons-en au mariage sacré et

270. Lapinkivi (Pirjo), *The Sumerian Sacred Marriage in the Light of Comparative Evidence, op. cit.*, p. 104.

aux divinités féminines. La Shekinah est, dans le judaïsme, la présence lumineuse divine dans le monde matériel et, plus particulièrement, la manifestation lumineuse de Dieu auprès du peuple hébreu[271]. Elle sera d'ailleurs considérée comme étant en exil avec les Hébreux avec la destruction du temple de Jérusalem en 587 avant notre ère. C'est l'aspect féminin de Dieu et dans la Kabbale, elle est associée avec la dixième Sephirah : Malkout.

Malkout est la Sephirah du royaume, le point le plus bas de l'arbre de vie (c'est-à-dire le monde physique), elle est celle qui contient la lumière de toutes les autres Sephiroth pour alimenter le monde. La Shekinah est la fille de la sagesse et même son hypostase (dans la Kabbale, la sagesse est Chokmah, la deuxième Sephirah) tout comme Tašmetu est associée à la sagesse en tant qu'épouse du dieu Nabu. La Kabbale est très dense et complexe et, pour simplifier, je vais me concentrer sur l'union entre Malkout (la Shekinah) et deux autres Sephiroth : Yesod et Tipheret.

Pour résumer, l'union entre Malkout et Yesod est d'ordre sexuel et matériel, une sorte d'archétype de l'union sexuelle entre des époux, car Yesod est relié à Malkout et transmet ses pouvoirs alors que l'union entre Malkout et Tipheret, la sixième et centrale Sephirah, est d'ordre royal. D'après le *Zohar*[272], un mariage avait lieu entre la Shekinah et Tipheret (le roi et frère-époux de la Shekinah). La Shekinah apparaît également au XVIe siècle comme la « mariée du sabbat », dans les chants du kabbaliste Isaac Luria. Le but de cette union est, comme dans les traditions mésopotamiennes, d'apporter l'harmonie du monde divin dans le monde terrestre. En s'unissant avec la Shekinah, l'époux devient le réceptacle de la puissance divine.

271. La racine שכן signifie « habiter », « demeurer ».
272. Le *Livre de la Splendeur*. C'est un des livres majeurs de la Kabbale, la tradition le fait remonter au IIe siècle de notre ère, tandis que les historiens situent sa rédaction autour des XIIe-XIIIe siècles.

Il est donc tout à fait possible de mettre en parallèle les principes féminins de la Kabbale, du *Cantique des Cantiques* et des traditions mésopotamiennes. Les trois sont des sœurs, des reines et des fiancées. Elles se manifestent sous la forme d'une lumière, sont associées au chiffre 7 (sabbat pour le *Cantique des Cantiques* et la Shekinah), elles sont en exil, ou ont connu l'exil ou la séparation de leur double masculin, et elles les coupent de la royauté, de la sagesse et de la présence divine :

	Kabbale	*Cantique des Cantiques*	**Traditions mésopotamiennes**
Principe féminin	La Shekinah/ Malkout	La fiancée	Inanna/Ištar/ Tašmetu
Contre-partie masculine	Dieu/Yesod / Tipheret	Le roi Salomon	Dumuzi, Tammuz[273], Nabu[274]
Exil	Séparée de Dieu depuis la destruction du temple ou séparée du peuple quand il s'éloigne de Dieu.	Séparée de son bien-aimé et dans l'attente de son retour.	• Séparée de son bien-aimé et dans l'attente de son retour. • S'exile loin du monde à cause de la douleur[275].

273. Tammuz est la forme akkadienne de Dumuzi, l'époux d'Inanna.
274. Dieu babylonien de l'Écriture.
275. L'exil et la chute d'Inanna seront traités dans le second volume.

Manifestation	Lumière	Lumière[276]	Lumière
Symbolisme	Esprit saint ou souffle divin portant la couronne sur sa tête. Présence lumineuse de Dieu dans le monde.	La sœur-fiancée recherche l'union avec son frère-époux. Leur union est une promesse d'abondance et de vie.	Reine du ciel et de la terre, transférant la royauté et la sagesse divines au roi.

	La Shekinah	**Ištar/Tašmetu**
Attributions	Sagesse Sexualité Couronne	Sagesse Sexualité Couronne
Mariage	Avec le roi (Tipheret) Avec l'homme juste (Yesod)	Avec Nabu, le dieu de la Sagesse et de l'Écriture. Avec le roi, l'homme juste.

La Shekinah et Tašmetu ont de nombreux points communs. La communauté juive de Babylone est très ancienne et importante dans l'histoire du judaïsme. Bien entendu, elle a connu l'empire néo-assyrien et l'empire néo-babylonien, mais aussi la domination perse (la rédaction du Talmud de Babylone se fera sous la dynastie des

---

276. « Qui est celle qui apparaît comme l'aurore, belle comme la lune, resplendissante comme le soleil, troublante comme les apparitions ? », Ct5:10, in *La Nouvelle Bible Segond. Édition d'étude, op. cit.*

Sassanides), grecque et musulmane. Les religions de ces peuples ont marqué de manière plus ou moins forte le judaïsme. Même s'il y a des éléments et des symboles communs ou très proches, cela n'enlève en rien les particularités de la Kabbale. De même, les recherches de Simo Parpola et de Pirjo Lapinkivi ne sont pas non plus parfaites et appartiennent au courant dit de l'école d'Helsinki qui met l'accent sur une notion d'âme et de rédemption de l'âme en Mésopotamie, qui sont des notions très floues, voire inexistantes. Si effectivement on peut voir des équivalences entre la Shekinah, Ištar et Tašmetu, leurs natures sont très différentes. Les déesses mésopotamiennes ont une existence bien tangible dans la pensée mésopotamienne et l'hypothèse de l'école d'Helsinki, qui affirme que ce sont des esprits saints comme dans le judaïsme ou le christianisme, n'est pas impossible, mais très difficilement vérifiable[277].

De même l'arbre de vie assyrien n'a pas une valeur ésotérique comme l'arbre des Sephiroth. Parpola va très loin dans la correspondance entre les deux, je dirais même qu'il va trop loin. J'ai préféré reprendre ici ce qui me paraît le plus plausible dans ses travaux. L'argumentaire de Parpola et Lapinkivi a des faiblesses, c'est pourquoi je ne me suis pas beaucoup aventurée sur ces sujets. Par contre, il est tout à fait possible que le judaïsme se soit inspiré de la religion mésopotamienne et qu'il ait adapté des éléments pour élaborer l'arbre de vie, la Shekinah et le *Cantique des Cantiques*.

Il est également périlleux de résumer aussi succinctement la Kabbale ou le *Cantique des Cantiques*. Ce n'est qu'un bref aperçu pour mettre en évidence les similarités entre les textes et les divinités.

277. C'est un point de vue académique. Dans ma relation personnelle avec Inanna et ma pratique, elle est l'équivalent mésopotamien de l'esprit saint chez les Hébreux. C'est pour moi une évidence.

Dans le judaïsme ou la Mésopotamie, nous avons un principe féminin (déesse ou esprit saint) qui est la manifestation lumineuse divine dans le monde matériel. Son union ou « mariage sacré » avec le principe masculin est la garantie de l'équilibre entre le haut et le bas et donc une source de bénédictions et d'abondance.

Les festivals d'Inanna/Ištar

Le festival d'Ištar

Chez les Assyriens et les Babyloniens, il existait un rituel entre Marduk, le roi des dieux, son épouse Zarpanitu et la maîtresse ou concubine (*tappattu* ou *qinitu*[278]) du dieu : Ištar de Babylone. Au quatrième jour d'un mois non identifié se déroulait un rituel, composé d'« une lamentation de Zaparnitu » et d'un « plaisir de Marduk ». En résumé, il s'agissait d'une violente dispute entre les deux déesses dans laquelle Ištar était copieusement insultée et moquée par l'épouse légitime. En effet, lors de son mariage, Marduk va également visiter la couche de sa maîtresse, la séductrice et destructrice des couples. Le rite est assez cocasse :

Pendant que Zarpanitu dort dans le temple, Marduk quitte le lit conjugal pour monter sur le toit où l'attend Ištar. Zarpanitu se réveille et découvre qu'elle est seule. Elle insulte sa rivale avec rage et montre toute l'étendue de sa haine envers la maîtresse de son mari. La suite du rite est très abîmée et peu compréhensible. Il semblerait qu'elle demande de l'eau puis va chercher une plante dans le jardin. On ne sait pas si elle cherche un aphrodisiaque ou un poison, le texte est ambigu. Zarpanitu monte sur le toit et insulte sa rivale en la traitant de « concubine qui pue le bétail » et lui promet de mettre « un chien de garde dans [s]a vulve » avant de lui rappeler qu'elle, Zarpanitu, est

278. Leick (Gwendolyn), *Sex and Eroticism in Mesopotamian Literature*, *op. cit.*, p. 240.

une bonne épouse et qu'elle donnera une famille à Marduk et qu'Ištar n'est qu'une poupée et une folle[279].

C'est donc un rituel assez violent et désastreux pour Ištar qui voit sa sexualité bannie et marginalisée. Zarpanitu s'en prend à elle seule et ne critique pas le comportement de son époux qui la trompe et qui réduit la toute puissante déesse à une simple concubine que l'on voit en cachette.

Mais ce rite avait une autre fonction et devait être particulièrement visible dans les rues, puisqu'il semblerait qu'à ce moment-là, les restrictions sociales étaient levées. En effet, à Babylone, se déroulait à ce moment-là une sorte de grand carnaval où les opposés s'inversaient. On peut comparer ce festival au charivari dans le sens où il était une parodie de l'amour, de l'harmonie conjugale et de l'ordre qu'incarnaient Marduk et son épouse. C'est peut-être ce type de festival qui a inspiré les écrits d'Hérodote sur les coutumes babyloniennes.

Il existait d'autres festivals de la déesse où les transgressions sociales étaient de mise. Lors de ceux-ci, les femmes s'habillaient en hommes et inversement. Les parents jouaient aux jeux des enfants, la vulgarité et la grivoiserie étaient de mise. C'était un temps de transgression et de jeu où le personnel cultuel d'Ištar portait des masques et dansait dans les rues. La frontière entre homme et animal était également dissoute puisque les participants pouvaient porter des masques de lion, le symbole de la déesse. Cette fête correspondait parfaitement au caractère d'Inanna/Ištar en tant que déesse des Inversions. On retrouve également dans ce festival une forme de jeu et de violence[280]. Par exemple, certains rituels de la déesse portaient le nom de jeux d'enfants comme « corde à sauter », « cache-cache »,

279. Les extraits de ce rituel religieux très surprenant sont disponibles dans le livre de G. Leick, *op. cit.*, p. 242-245.
280. Harris (Rivkah), « Inanna-Ishtar as paradox and a coincidence of opposites », *op. cit.*, p. 261-218.

« je peux faire les jeux des filles », tandis que d'autres étaient plus guerriers comme « lutte », « course », etc[281].

C'était une manifestation collective du caractère paradoxal et chaotique de la déesse qui s'opposait à l'ordre social et divin.

Le voyage d'Inanna

Il existait d'autres festivals, notamment à Nippur. Je peux parler par exemple du voyage de la statue de la déesse vers les sanctuaires d'Enlil (roi des dieux) et de Nanna (dieu lune). C'était l'occasion pour le temple de recevoir des offrandes du roi et de faire de grands sacrifices à la déesse. Ce type de festivals, attesté pour d'autres dieux, était surtout composé de rituels de purification et de lamentations. La statue était lavée, habillée et prenait place sur son bateau pour aller visiter d'autres divinités. Son retour était également marqué par des rites de purification. En plus d'un renouvellement de l'année cultuelle, c'était également un moment où l'activité économique du temple et de la ville augmentait considérablement.

281. Draffkorn Kilmer (Anne), « An Oration on Babylon », in *Altorientalische Forschungen*, vol. 18, 1991, p. 9-22.

Seconde partie

Interprétations, symboles et dévotion

Chapitre 6

Les voies d'Inanna

Inanna est une déesse qui s'appréhende par ses contradictions et ses paradoxes. Cet ouvrage est dédié à la face lumineuse d'Inanna. Certaines de ses prérogatives comme la souveraineté ne peuvent se comprendre qu'avec les échecs de la déesse que nous verrons dans le prochain tome. Ce que j'appelle « les voies d'Inanna » représente ma gnose personnelle, le fruit de mes recherches académiques et de mes expériences personnelles. Ce sont des pistes pour comprendre toute la richesse de cette déesse et comment elle peut résonner avec notre société actuelle.

Inanna, déesse des révoltés et des marginalisés

Inanna est la championne des dieux, elle détruit tous les ennemis qui menacent l'ordre cosmique instauré par les grands dieux An et Enlil. Pourtant, elle passe son temps à mettre cet ordre en péril et bousculer les grands dieux et leurs principes.

La déesse des minorités visibles et invisibles

Le clergé d'Inanna était un exemple d'intégration de tous ceux qui ne rentraient pas dans les normes de la société mésopotamienne. Elle reste aujourd'hui la déesse de ceux qui sont marginalisés en raison de leur genre, de leur couleur de peau ou de leur sexualité. Elle est une déesse de la Justice, mais cette justice n'est pas aveugle ou revancharde. Elle défend et restaure l'intégrité de ceux dont la voix est étouffée. Elle s'assure que chacun trouve sa place et soit respecté. Cet idéal était porté par le clergé d'Inanna, mais aussi par ses patronages. Elle avait sous son aile les prostituées qui étaient autant méprisées qu'aujourd'hui ainsi que les femmes qui ne voulaient pas être sous une tutelle masculine.

Lorsque l'on travaille avec Inanna, on ne peut pas passer à côté des questions de racisme, de sexisme ou de toutes les formes de rejet finissant par « phobie ». Inanna est inclusive, tolérante et ouverte à la différence. Son sacerdoce est celui de l'ouverture aux autres, du respect de l'identité de chacun ainsi que la compréhension du monde et de soi-même.

Quand on se met à son service, la première chose à faire est de se taire pour mieux écouter ceux qui sont marginalisés par la société. Il y aura toujours des différences de points de vue entre une personne qui vit une situation donnée et une autre qui ne la vit pas. Par exemple, une personne trans n'aura pas le même point de vue qu'une personne cisgenre sur la transphobie, sur le passing[282] ou les rôles sociaux. Quand on ne subit pas l'injustice et le rejet, il est parfois difficile d'en prendre conscience et de mesurer les dégâts occasionnés par de simples mots. Pour comprendre ce que vit quelqu'un, il est nécessaire de l'écouter et donc de se taire un instant pour lui laisser la parole. Cet échange permet le dialogue et c'est le premier pas vers le respect et la compréhension. Inanna est progressiste, c'est un fait vu son clergé et ses caractéristiques. Par contre, il serait hypocrite et stupide de se servir de cette voie d'Inanna comme d'un outil de popularité, d'approbation sociale ou pour justifier une quelconque supériorité intellectuelle. Agir en sauveur d'un groupe minoritaire en dépossédant les

282. La capacité à se faire reconnaître comme appartenant à un groupe social. Par exemple pour être une femme trans, il faut être suffisamment féminine pour être vue comme une femme du premier coup d'œil.

individus de leur voix et de leur combat pour se les approprier, c'est faire partie du problème et non de la solution. Être un allié dans une cause, c'est au contraire soutenir et donner de la visibilité à ceux qui sont concernés par une situation que la majorité des gens ne vit pas et ne comprend pas toujours. C'est mettre en avant ceux qui sont marginalisés et rester en retrait pour les aider et les soutenir si besoin.

Inanna, la femme révoltée en chacun de nous

Inanna est une révoltée, elle se rebelle contre les normes et les diktats des grands dieux, elle inverse les codes, mélange les genres, refuse tout ce qui pourrait la limiter au nom de l'ordre. Inanna est une femme qui se bat pour la justice et la liberté d'être soi. Il est logique qu'elle soit devenue une icône du féminisme.

La liste des violences faites aux femmes est longue. Un peu partout sur la planète, elles sont tuées, violées, mutilées, humiliées, frappées, infantilisées, privées de droits et d'éducation. Beaucoup trop de civilisations possèdent un système social basé sur la soumission d'une partie de la population en raison de son genre. La violence est le socle d'une société pyramidale. Casser ce type de système passe par l'empathie, le dialogue et l'éducation. Le principe féminin a toujours eu une place dans les sociétés, même les plus patriarcales et misogynes. Le christianisme vénère la figure de la Vierge Marie, le judaïsme chante les louanges de la Sophia, l'islam appelle Fatima, la fille préférée du prophète, « la bénie », « la reine du Paradis », « la défenseuse », « la dame de lumière ». Paradoxalement, si ces figures féminines sont exaltées et vénérées dans les religions, dans les sociétés, la femme est restée longtemps une citoyenne de seconde catégorie, un bien dont on peut disposer légalement. C'est d'ailleurs toujours le cas dans plusieurs parties du globe. On peut aussi penser à l'Inde qui vénère le principe féminin Shakti et qui laisse une grande place aux divinités féminines, au *Kâma-Sûtra* qui insiste sur la nécessité de respecter les désirs d'une femme pour qu'elle s'épanouisse. Pourtant aujourd'hui l'Inde est l'un des pays les plus dangereux au monde pour les femmes. Il y a donc une dissonance cognitive qui frappe une très large partie de l'humanité : le féminin est sacré, mais pas la femme. On s'incline respectueusement devant les déesses tout en maltraitant leurs représentantes. La société en est même arrivée à édicter des injonctions contradictoires : une femme doit être belle, mais commune, courageuse, mais faible, chaste, mais lubrique, une femme doit travailler, mais rester à la maison, etc. Ce sont des diktats impossibles à tenir pour un individu normalement constitué, sans compter qu'ils sont créés pour satisfaire l'idée que la société se fait du féminin, sans se soucier des désirs et des aspirations des femmes. Ce qui est d'autant plus dramatique, c'est de voir des femmes adhérer à cette folie et soutenir que cette vision est juste et nécessaire. Toutes les femmes ne sont pas féministes et tous les hommes ne sont pas misogynes. Tout n'est pas noir ou blanc.

Inanna est une déesse tiraillée entre ses aspirations et ce que le monde divin attend d'elle. Elle fait du bruit, elle prend de la place et pour cela, elle sera insultée et maltraitée. Malgré ses souffrances, Inanna n'abandonne jamais, la rage au ventre, elle se relève, elle s'affirme et revendique le droit d'exister par elle-même et pour elle-même. Toutes les femmes qui luttent pour leurs droits ou les droits des plus faibles portent en elles la force de la déesse. Le culte d'Inanna est un culte royal, mais c'est aussi la déesse des laissés-pour-compte. Inanna est la déesse des révoltés, de tous ceux qui luttent contre un système oppressif. C'est aussi l'un de ses aspects guerriers. Elle est la déesse de l'Ordre, mais elle passe son temps à le combattre, car elle n'en est pas satisfaite. Dans la mythologie, Inanna a été conditionnée et éduquée pour être la plus redoutable des guerrières, le bras armé de la justice et de l'ordre des grands dieux, mais ironiquement, elle a retourné cette puissance contre eux. Elle a fait trembler l'ordre établi pour pouvoir suivre sa propre voie. Un combat peut prendre plusieurs formes, on peut prendre les armes comme Inanna ou comme les combattantes kurdes qui se sont battues contre Daech. On peut également devenir l'icône d'un peuple qui se soulève comme Alaa Sanah, la jeune étudiante soudanaise qui est devenue le symbole d'une révolution largement portée par les femmes. On peut aussi devenir la voix d'une révolution comme Emel Mathlouthi, la chanteuse tunisienne dont la chanson *Kelmti Horra* (« Ma parole est libre ») est devenue l'hymne du printemps arabe.

Toutes ces femmes portent en elle la force d'Inanna, cette volonté de changer le monde, de faire souffler un vent de liberté, de demander plus de justice et d'égalité. Toutes ces femmes militent avec leurs moyens pour le respect de la femme et de ses droits. Plus largement, elles militent pour les droits des invisibilisés et pour un meilleur avenir pour leur pays. Cette flamme ardente qui nous pousse à prendre des risques pour nous élever contre l'injustice, c'est Inanna. C'est elle qui nous murmure au creux de l'oreille : « Sois belle et ouvre-la. »

La force de vie

La première impulsion

Nous l'avons vu, Inanna est bien plus qu'une déesse de la Guerre et de la Sexualité. Elle est le principe même de la vie, l'impulsion qui nous pousse à aller de l'avant, à évoluer, à désirer, à prendre du plaisir et à nous battre pour ce qui nous tient à cœur. Pour les Sumériens, elle était la lumière venue du Kur qui s'est densifiée pour devenir la matière. Elle est la coupe des pouvoirs divins qui se déverse sur le roi, la médiatrice entre le ciel et la terre. Pour moi, elle est le souffle de l'inspiration divine, le souffle créateur, la force qui anime le monde. Elle est l'impulsion et l'inspiration divines. Au final, Inanna incarne deux forces égales et de sens contraire (vie/mort, amour/haine, cosmos/chaos, etc.). Son pouvoir, la vie, est l'énergie qui naît de la friction entre ces forces contraires et qui se manifeste par et dans le monde matériel.

Inanna est celle qui nous renvoie aussi à nos propres contradictions existentielles, à notre propre dualité. Comme elle, nous oscillons toute notre existence entre puissance et misère, mensonge et vérité, courage et lâcheté, etc. Mais la vie est ainsi faite, avec des moments de joie absolue et des moments de désespoir profond. Inanna n'est pas que ce mouvement premier qui amorce et soutient le cycle de la vie avec ses hauts et ses bas. Elle est aussi celle qui pose la question du choix conscient. Elle exige de nous que nous fassions des choix : comment choisissons-nous de faire face aux événements et aux émotions qui nous submergent ? Si chacune de nos décisions nous transforme, alors qui choisissons-nous d'être et à quoi renonçons-nous ?

Inanna ne supporte pas l'immobilité, elle nous pousse toujours à faire un choix pour évoluer, quitte à se montrer brutale. Elle n'aime pas l'hésitation et l'indécision puisqu'elle est par essence l'action et le mouvement.

Lorsqu'on travaille avec elle, elle nous invite à agir de même. Elle nous encourage à permettre à d'autres de s'ouvrir à de nouvelles possibilités, à tirer les individus vers le haut, à ne pas nous prendre trop au sérieux et à savourer chaque plaisir. Elle nous invite à être la première impulsion d'un nouveau choix, qui entraînera une nouvelle transformation de soi-même et du monde. Il y a cependant des limites à ne pas dépasser. Inanna confond parfois proposer et imposer dans sa mythologie, c'est ce qui fait que les échecs de la déesse sont très formateurs quand on travaille avec elle. Les erreurs d'Inanna sont celles que l'on commet quand l'ego est trop fort. Se laisser aveugler ou emporter par la puissance exaltante de la déesse n'est pas sans risque.

Inanna, déesse de l'Amour ou déesse amoureuse ?

L'amour est la force de la vie, cependant Inanna entretient une relation ambigüe avec ce sentiment. Elle est souvent présentée comme la déesse de l'Amour, pourtant les textes sumériens mettent surtout l'accent sur le fait qu'elle était une grande amoureuse. De leur côté, les textes mythologiques ne sont pas aussi catégoriques sur les sentiments de la déesse. Inanna était l'archétype littéraire de l'amoureuse et la déesse de la Sexualité. Ses fonctions consistaient à inspirer le désir sexuel chez les êtres vivants. Les sentiments amoureux sont rarement exprimés dans les textes mésopotamiens. La stabilité sociale, le calme et le bien-être dans un couple venaient d'une vie sexuelle épanouie. Les Mésopotamiens écrivaient des chants d'amour très crus parce que c'était le langage de l'époque et parce que la sexualité n'était pas taboue. Malgré cela, il n'y avait pas d'orgies sexuelles ou de vie sexuelle débridée, contrairement à ce qui a longtemps été affirmé. La sexualité faisait partie du savoir-vivre, il relevait du code social de ces sociétés. Alors que représentaient Inanna et Dumuzi ? Un idéal qui alliait sexualité épanouie et sentiments amoureux. Une combinaison rare dans une société où les mariages étaient très souvent arrangés. Son histoire avec Dumuzi est à la fois la grande joie et le plus grand drame de la déesse. C'est plus avec Ištar et son syncrétisme avec Nanaya que va se développer l'aspect déesse de l'Amour tel que nous le concevons.

Inanna ne fait pas naître l'amour chez les individus, elle fait naître le désir. En tant que déesse, elle inspire une crainte révérencieuse qui est la base de toute dévotion au Proche-Orient. La déesse de la Vie et de la Lumière est une déesse conquérante et fière. Ses domaines sont la sexualité, la transformation, l'identité, le mouvement, le jeu, la violence. Son côté maternel n'est revendiqué que par les rois qui en ont fait une mère dynastique ; même son culte était royal. Quand la violence de la déesse est apaisée, elle devient une *lama*, une divinité protectrice qui guide son protégé vers les grands dieux. Mais cette attitude se retrouve chez d'autres déesses, ce n'est pas propre à Inanna.

Comme Inanna est paradoxale, l'amour et la compassion ne sont pas rattachés à son visage lumineux, mais à sa face sombre. Il m'est donc difficile d'en parler ici. L'Inanna lumineuse, telle qu'elle est décrite dans les mythes que j'ai présentés, est bienveillante parce qu'elle sait qu'elle est crainte et respectée. Elle a la bienveillance de ceux qui se savent puissants et qui aiment être sollicités. C'est en traversant des épreuves qu'elle va évoluer et découvrir une autre définition de l'amour.

Chapitre 7

Les symboles

Nous ne traiterons ici que des symboles courants en lien avec le caractère lumineux d'Inanna. Nous avons déjà traité la lumière et la nouvelle lune, nous n'y reviendrons pas ici. Il en existe d'autres, rattachés directement ou non à Inanna, comme l'arbre de vie, le palmier dattier, le bâton et le cercle qui forment un attribut de royauté, etc.

Le lion

Dans le Proche-Orient ancien, le lion était un animal redouté qui régnait sur la steppe et attaquait les hommes et le bétail. Tuer ou capturer un lion était un privilège royal, comme le montrent les nombreuses représentations de chasse en Mésopotamie.

Le lion est un symbole de puissance, de domination et de royauté. Il représente l'aspect guerrier et belliqueux d'un roi ou d'un dieu. Le lion était également un symbole religieux. La mise à mort de l'animal était ritualisée pour permettre au roi de s'approprier sa férocité et sa force. Par exemple, le roi Aššurbanipal portait une tenue particulière ainsi que sa couronne pour mettre à mort le lion. Il faisait ensuite des libations sur le corps de l'animal. Les Assyriens étaient impérialistes et cela se voit dans la symbolique du lion. Cet animal régnait sur la steppe, il était le roi du monde sauvage, hors du contrôle de la civilisation. En devenant victorieux du lion, le roi assyrien pouvait ainsi prétendre à devenir un roi « universel » et étendre sa domination sur les quatre coins du monde[283].

Cette association entre royauté et lion ne date pas des Assyriens, on la retrouve bien avant, comme à l'époque néo-sumérienne dans des noms propres comme Lugal-pirig-banda (« le roi est un lion féroce »).

Le lion n'est pas un symbole de justice ou de sagesse en Mésopotamie, c'est le côté violent de l'animal qui prime, c'est pour cela qu'il est souvent comparé à l'orage. La corrélation et la causalité entre la force, la lumière et la royauté sont représentées par le lion.

Il est le symbole de plusieurs divinités féminines et masculines :

- **Ninurta :** dieu de la Guerre et de l'Agriculture.
- **Ištar :** déesse de la Guerre et de la Sexualité.
- **Damkina :** forme guerrière de la déesse-mère d'Eridu.
- **Nergal :** dieu des Enfers, de la Destruction et des Maladies.

Ninurta, Nergal et Ištar sont à la fois des chasseurs de lions et des lions eux-mêmes. Cette double personnalité vient du fait que pour traquer le lion, il fallait devenir soi-même un lion. Le roi et les divinités sont identifiés au lion lorsqu'il est question de détruire des ennemis. Ils sont alors décrits comme des lions furieux et rugissant sur les champs de bataille, leur démarche et leurs actes sont aussi terrifiants que l'animal. Mais ils peuvent aussi être identifiés au chasseur qui a réussi à terrasser cette force de la nature. Le lion tué devient une métaphore pour désigner les pays vaincus. Le roi ou le dieu est alors perçu comme plus fort, plus rusé et plus dangereux que le lion.

---

283. Cassin (Elena), « Le roi et le lion », in *Revue de l'histoire des religions*, tome 198, nº 4, 1981, p. 355-401.

Étoile et planète : Dingir et Dilbat/Vénus

L'ÉTOILE

L'astrologie et l'astronomie étaient aussi imbriquées l'une dans l'autre que la magie l'était dans la médecine. Ainsi étudier le ciel, c'était comprendre les dieux. Toutes les grandes divinités mésopotamiennes sont associées à un astre ou à une constellation : Utu est le dieu soleil, Nanna est le dieu lune, Inanna est la planète Vénus, Damkina est associée à la constellation de la Petite Ourse, Išara à la constellation du Scorpion, Enki au Capricorne, etc. D'ailleurs, les Sumériens et leurs successeurs utilisaient un déterminatif pour indiquer un nom divin, le *dinĝir,* qui signifie à la fois étoile, ciel, dieu, déesse et cime d'un arbre. En bref, ce signe désigne quelque chose qui se trouve en hauteur, dont la nature astrale des divinités.

Écriture cunéiforme	Translittération	Analyse	Traduction
	*dinĝir-Inanna*	^{d}Inanna	Inanna
AN MUŠ$_3$	Ici, le signe AN se lit « dinĝir », car il précède le nom d'une divinité, mais il ne se prononce pas[284]. C'est un déterminatif.	Par convention, le *dinĝir* est mis en exposant.	Le *dinĝir* disparaît.

284. Par exemple les villes, les métiers, les plantes et les oiseaux ont aussi un déterminatif.

Le signe MUŠ$_3$ peut, entre autres, se lire *suh* (couronne) ou *muš*$_3$ (espace sacré ou espace, face) et c'est aussi un homophone de *muš* (serpent). Le nom de la déesse affirme sa souveraineté sur le monde. Elle n'est pas seulement une déesse, elle est l'espace sacré divin où s'exprime la vie.

VÉNUS, ASTRE DES BATAILLES ET DU CHAOS : PLANÈTE OU COMÈTE ?

Si Inanna est bien attestée comme étant la planète Vénus (Dilbat) dans les textes astronomiques, les descriptions astrales d'Inanna dans les mythes et les hymnes tiennent plus de la comète que de la planète. J'ai déjà parlé d'Inanna et Ebih où l'aspect astral de la déesse est décrit comme un « lion rugissant » qui détruit les pays, ou comme un œil rougeoyant dans le ciel qui s'abat avec rage et fureur sur les nations. Dans le texte babylonien *Le Poème d'Agušaya,* Ištar/Vénus est un astre tournoyant dans le ciel qui menace l'ordre cosmique ou un guerrier furieux qui danse comme un fou dans le ciel. Cet aspect marquera tellement les esprits que les prêtres *kurgarru,* avec leurs danses en armes, sont un rappel de cet « éclat tourbillonnant ».

Il pourrait y avoir deux explications possibles. Soit, en des temps reculés, Inanna fut d'abord associée à une comète[285] qui terrifia les populations avant d'être associée à Vénus. Soit cette peur de Vénus vient de son éclat et de son association avec Inanna. Elle était tout à la fois terriblement lumineuse et dangereuse.

NINSIANNA

La déesse de la planète Vénus et de ses deux formes (étoile du matin et du soir) était Ninsianna, qui sera assimilée à Inanna/Ištar à la

285. En Mésopotamie comme dans de nombreuses autres cultures, les comètes et les météorites étaient vues comme des symboles néfastes, des annonciateurs de calamités et de destruction, car elles perturbaient le ciel et la terre.

fin du IIIe millénaire. Cependant, des textes paléo-babyloniens distinguent Ninsianna d'Inanna. Ninsianna était la torche du ciel, celle qui l'ordonne aux côtés du soleil et de la lune. Cette déesse était assimilée à la lumière, à la splendeur et également à la justice. Vénus était un astre des destins comme toutes les planètes et étoiles. En effet, les tablettes astronomiques décrivent la place de la planète dans le ciel, place à laquelle correspondent des présages, mais cet aspect de destinée apparaît particulièrement avec Ninsianna, comme le montre le nom de son temple à Ur, l'É-eš-bar-zi-da (la maison des vraies/bonnes décisions). Elle fait partie des « dieux de la nuit », c'est-à-dire qu'elle figure dans la magie astrale mésopotamienne (grossièrement, il s'agissait d'une forme antique des heures planétaires). C'est à partir de la dynastie kassite de Babylone (qui débute vers 1595 avant notre ère) que Dilbat devient le nom de Vénus.

L'étoile à huit branches

Ce symbole provient des divinités sémitiques Attar (divinité masculine, Vénus étoile du matin) et Attart (divinité féminine, Vénus étoile du soir) qui seront assimilées à Inanna à l'époque sargonique. L'étoile est le symbole d'Inanna en tant que Vénus. Une étoile à six branches est aussi attestée, mais les assyriologues ne connaissent pas sa symbolique. À l'époque néo-assyrienne, l'étoile va évoluer en une rosette à huit pointes.

L'eau

Dans sa forme la plus archaïque, Inanna était une déesse de la Pluie et des Greniers à blé[286]. Elle était donc associée à l'eau douce et elle était une déesse agricole. Son pouvoir sur la pluie apparaît dans le

---

286. Jacobsen (Thorkild), *The treasures of Darkness: A History of Mesopotamian Religion*, *op. cit.*, p. 136.

très ancien mythe d'Enmerkar et le seigneur d'Aratta, où elle accorde la prospérité à la ville d'Uruk grâce à son pouvoir sur l'eau.

La pluie possède une double nature, elle est à la fois destructrice et créatrice. Les deux aspects apparaissent dans les hymnes, que ce soit dans *L'exaltation d'Inanna* où la déesse est une tempête furieuse qui détruit tout, ou dans cet autre hymne où elle apporte également la vie :

> *Je monte au ciel et la pluie tombe,*
> *Je monte sur terre et l'herbe et les plantes poussent*[287].

Inanna est associée à l'eau du ciel en raison de sa filiation et de sa relation avec les deux grands dieux célestes An, le dieu du Ciel et patriarche des dieux, et Enlil, roi et dieu de l'Air. Comme lui, Inanna est à la fois l'eau fertilisante et bienfaisante ainsi que l'eau destructrice du ciel. L'eau est l'une des armes de la déesse, comme l'orage, la pluie, les inondations, etc.

Inanna est aussi associée à l'Abzu par Dumuzi et Enki. L'Abzu est le domaine aquatique d'Enki, l'océan d'eau douce, source de magie, de sagesse et de vie. L'autre nom de l'Abzu est Engur, qui s'écrit avec les signes LAGAB X HAL :

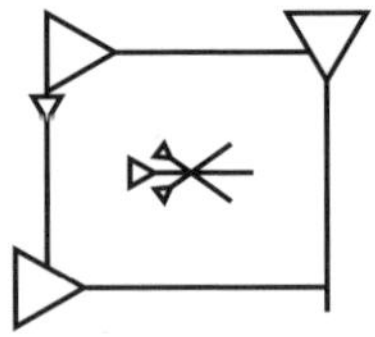

LAGAB signifie la totalité et HAL signifie le secret, ce qui donne « la totalité des secrets ». Par ailleurs, LAGAB X HAL sert aussi à écrire *aĝarin*, c'est-à-dire « utérus » ; j'aime beaucoup ce lien que faisaient les Sumériens entre utérus, connaissance, totalité des secrets et la demeure secrète du dieu de la Sagesse. On touche là à une forme

287. Idem.

très ancienne de croyances. LAGAB X HAL sert aussi à écrire le nom de Nammu[288], la déesse-mère des Sumériens dont le culte originel se trouvait à Eridu. Il est même possible qu'elle fût la patronne de la ville avant qu'Enki ne prenne sa place.

Les Mésopotamiens utilisaient déjà l'eau et le feu pour leurs purifications. L'eau lave, c'est une évidence, mais pour les Sumériens l'eau était de la « lumière liquide », d'où son grand pouvoir purificateur et créateur.

Personnellement, j'associe aussi l'eau à Inanna parce qu'elle est une déesse fluide et mouvante. Inanna se métamorphose dès qu'on l'approche. On croit avoir approché son côté doux et maternel et d'un coup, elle montre un visage contraire. L'eau, qu'elle soit liquide, solide ou sous forme de gaz, reste de l'eau. C'est la même chose avec Inanna, quels que soient ses métamorphoses et ses paradoxes, elle reste Inanna. Pour la comprendre, il est nécessaire d'explorer toutes ses facettes.

Le grenier à blé

En sumérien archaïque, Inanna s'écrit avec un signe qui représente une sorte de nœud de roseaux ou de céréales que l'on retrouve dans de nombreux sceaux-cylindres et dans l'iconographie. Ce nœud pourrait symboliser les montants des portes des entrepôts de stockage de céréales.

À une époque très reculée, celle des dynasties archaïques et sans doute même avant, Inanna personnifiait le grenier de stockage. C'était un élément indispensable pour survivre jusqu'aux prochaines récoltes et pour stocker les semences. Les champs, les canaux d'irrigation et le

---

288. WIGGERMANN (F.A.M), « Nammu », in *Reallexikon der Assyriologie und vorderasiatischen Archäologie*, 9, De Gruyter, Berlin, 1998-2001, p. 135-140.

grenier étaient fondamentaux pour les premiers agriculteurs du sud de la Mésopotamie. Dumuzi représentait également la croissance des dattes et ces dernières étaient elles aussi stockées dans des greniers. Ainsi Inanna et Dumuzi symbolisaient la promesse d'abondance et de bonne santé[289]. On parle bien de promesse puisque les contraintes agricoles étaient très fortes, entre l'aridité et la pauvreté des sols des plaines de la Mésopotamie. L'agriculture du sud de la région reposait sur la culture des céréales, des dattes, des légumineuses et sur l'irrigation. Pour survivre, il fallait stocker ce qui était précieux en cas de caprice climatique ou d'invasion de criquets : les grains et les dattes. C'est peut-être même l'origine du mariage sacré entre Inanna et Dumuzi, le dieu des Palmiers-dattiers. À cette époque où Inanna personnifiait le grenier à blé ou l'entrepôt de stockage, on était très loin de l'image biblique qui fait de l'Éden une terre d'abondance : le sol était salin, le climat aride et l'entretien des canaux était un travail harassant et quotidien. Étonnamment, les plaines du sud de la Mésopotamie n'étaient pas le choix le plus judicieux pour se lancer dans l'agriculture ! Les Sumériens relèveront le défi grâce à leurs techniques d'irrigation et la gestion des sols, permettant ainsi l'essor de leur civilisation.

---

289. Les dattes symbolisaient l'abondance, la jeunesse, la bonne santé et elles étaient personnifiées par le dieu-berger Dumuzi.

Chapitre 8

Les plantes

J'aime les plantes, que ce soit leur forme, leurs capacités ou leurs propriétés. J'ai même une certaine fascination pour les plantes carnivores. En ce qui concerne ma spiritualité, je suis assez classique dans le choix de mes plantes et je vous présente quelques variétés que j'associe ou qui sont associées à Inanna, en plus de la pomme et de la grenade.

La rose

C'est un choix très classique et convenu. La rose est un symbole de l'amour et c'est la fleur d'Aphrodite. Dans le christianisme, elle symbolise le Graal ou les plaies et le sang du Christ. La rose blanche est un symbole de la Vierge Marie, elle représente sa pureté. C'est aussi un symbole royal, comme en Angleterre[290]. Mais si je l'ai choisie, c'est pour une raison particulière : son lien avec la féminité et la sexualité. Par exemple, le clitoris est appelé « bouton de rose » et « Éros », le dieu de la Passion sexuelle, est une anagramme de la fleur. Comme je l'ai dit plus haut, il existe une analogie entre le jardin et la sexualité. Pour moi, la rose fait partie de cet ensemble, même si elle est inexistante dans les textes mésopotamiens. Si le jardin est le corps de la déesse, la rose en est sa secrète intimité. La plus belle des fleurs dont le roi-jardinier doit prendre soin.

290. La rose blanche était le symbole de la maison des York et la rose rouge, celui des Lancaster.

La rose symbolise alors les mystères de la femme, son pouvoir de création et la source de son plaisir. Par exemple, dans les *Métamorphoses* d'Apulée[291], Lucius transformé en âne retrouve sa forme humaine en mangeant une couronne de roses que lui tend un grand prêtre d'Isis. La rose est ici un symbole de la vie, de la connaissance et d'une forme de résurrection.

J'utilise donc la rose comme symbole de la vulve et de la sexualité féminine, malheureusement trop souvent stigmatisée par un regard masculin moralisateur et désobligeant. Se réapproprier sa sexualité et se réapproprier son corps sont pour moi les enseignements de cette fleur.

Le jasmin

Le jasmin est une plante originaire de Chine et d'Inde. Symboliquement, il est assez proche de la rose : féminité, séduction, pureté, beauté, amour. J'associe le jasmin à Inanna car, en premier lieu, j'adore son parfum capiteux et sensuel. C'est une de mes odeurs préférées et l'associer avec la déesse me paraissait une évidence. En second lieu, il existe une variété de jasmin nocturne : le *Cestrum nocturnum*, appelé aussi « reine de nuit » ou « dame de nuit ». Ce jasmin, dont les petites fleurs blanches ou vert clair ne s'ouvrent que la nuit, dégage un puissant parfum de jasmin et de tilleul. Du fait de la symbolique du jasmin et de son nom de « dame de nuit[292] », je l'associe à l'aspect lunaire et stellaire d'Inanna, en tant que Vénus sous sa forme « étoile du soir », d'autant plus que la fleur du jasmin nocturne se compose

291. Apulée était un citoyen romain d'origine berbère qui vécut vers 125 à 170 environ. Il était orateur, philosophe et écrivain.
292. Inanna en tant que « reine de la nuit » est sujet à discussion, mais ça ne m'empêche pas d'associer le jasmin nocturne avec elle. Je parle plus loin de l'aspect nocturne d'Inanna.

d'une corolle terminée en cinq lobes pointus qui fait penser à un pentagramme. C'est une fleur que je trouve très proche de la symbolique mésopotamienne et donc d'Inanna.

Le roseau

Le roseau est, avec l'argile, le matériau principal en Mésopotamie. Il se trouvait facilement et en grande quantité le long du Tigre et de l'Euphrate et dans les marais formés au sud par les deux fleuves. Ses fonctions étaient multiples et essentielles pour la construction des maisons, des temples, des embarcations, mais aussi pour la vannerie et l'écriture. Le roseau était un symbole de vie, d'abondance ainsi qu'un attribut de la civilisation et donc du cosmos. Le roseau est associé à plusieurs divinités comme Enki ou Ningal, la parèdre du dieu lune Nanna et mère d'Inanna. Le roseau joue également un rôle dans les rites d'exorcisme où il avait la réputation de chasser les esprits et de protéger les habitations.

Le nœud de roseaux est l'un des plus anciens symboles d'Inanna. Il est l'*urin gal* (grand emblème) de la déesse, sa flèche (*zà-è*) et plus étonnamment, sa coiffure. Dans ce cas, il devrait être mis en parallèle avec le signe $MUŠ_3$ qui compose le nom d'Inanna. Celui-ci peut se lire « suh » et se traduire par diadème. Le nœud serait alors une survivance d'une ancienne graphie du signe, devenu un symbole divin[293].

293. Winitzer (Abraham), « Old Signs in New Dress? On the Meaning of Inanna's Symbol as Sign and "Presence" in Early Babylonian Divination », in Crisostomo (Jay) et alii (éd.), *The Scaffolding of Our thoughts, Ancient Magic and Divination*, vol. 13, Brill, Boston, 2018, p. 26-57.

Nœud de roseaux d'Inanna	Signe en sumérien archaïque signifiant Inanna

Le genévrier

Le genévrier était une plante très utilisée dans les rites et dans les exorcismes mésopotamiens en tant que plante de purification. Il était aussi utilisé en encens comme médiateur entre le monde des hommes et le monde divin.

Par exemple, dans ce passage d'une prière *(šir-namursağa)* à Ninsianna, il est question de l'emploi du genévrier dans les rites de purification :

> *Pour verser la libation, pour effectuer des rites de purification, pour accumuler des offrandes d'encens, pour brûler du genévrier, pour préparer des offrandes de nourriture, pour préparer des bols à offrandes, il va dans son É-gal-mah (temple de Gula, déesse de la Médecine)*[294].

Ou dans ce poème royal, lors de la construction du temple de Ningirsu (dieu agraire), on apprend que le genévrier peut être mélangé avec des résines pour satisfaire les dieux :

---

294. « A *šir-namursağa* to Ninsiana for Iddin-Dagan », in *ETCSL*, t. 2.5.3.1, v. 195-198, consultable sur http://etcsl.orinst.ox.ac.uk/cgi-bin/etcsl.cgi?text=t.2.5.3.1#

> *Il mit le feu au genévrier, la pure plante des montagnes, et la fumée s'éleva avec la résine de cèdre, le parfum des dieux*[295].

Dans les textes magiques, notamment les *šurpu,* on trouve ce type d'incantations :

> *Genévrier, croissant d'une pousse ! Jeune genévrier, croissant d'une pousse, genévrier dont les rameaux et les branches entremêlées sont précieux, grand pilier du ciel, grande fondation de la terre, magnifique façade d'Eridu, serrure puissante du temple d'Enlil, qui [...] est venu de la montagne, tu nettoies, tu purifies la bouche des humains, que la mauvaise langue s'éloigne*[296].

J'ai brûlé du genévrier pour purifier une pièce et je n'ai pas trouvé cela très efficace. Voire même, j'ai trouvé cela complètement inefficace. Je ne sais pas si ça venait de la variété que j'ai utilisée ou de la quantité brûlée, mais je n'utilise plus cette plante. Je préfère de loin utiliser du benjoin pour purifier et un mélange d'oliban et de myrrhe pour créer une atmosphère propice à la méditation. Si l'occasion se présente, je ferai peut-être de nouveaux tests avec cette plante. Qui sait, peut-être se révèleront-ils payants... Mais peut-être aussi que le genévrier n'a aucune vertu purificatrice. Le fait que les Mésopotamiens l'utilisaient pour cet usage n'est en rien une preuve de son efficacité[297].

Il y a d'autres plantes ou résines qui peuvent être associées à Inanna comme le cèdre, la myrrhe, le cyprès si l'on souhaite rester traditionnel. Pour des associations modernes, on peut citer le lys,

---

295. « The Building of Ningirsu's Temple (Gudea cylinders A and B) », in *ETCSL*, t. 2.1.7, v. 204-206, consultable sur https://etcsl.orinst.ox.ac.uk/cgi-bin/etcsl.cgi?text=t.2.1.7#
296. Reiner (Erica), *Šurpu: a collection of sumerian and akkadian Incantations,* Archiv für Orienthorschung, Beiheft 11, Selbstverlage des Herausgebers, Graz, 1958, p. 46.
297. L'ancienneté d'une pratique n'est en rien une preuve d'efficacité !

l'ylang-ylang, la cannelle, le musc qui fonctionnent très bien avec la déesse. Personnellement, je préfère faire des tests et écouter mes ressentis que de suivre des indications plusieurs fois millénaires sans les remettre en question. C'est de cette manière que le jasmin nocturne est entré dans mes plantes préférées dédiées à la déesse.

Inanna a un lien très fort avec le monde végétal, tous les végétaux sont des manifestations de son pouvoir sur la vie ainsi que des métaphores pour désigner son corps et son désir.

CHAPITRE 9

LES PIERRES

Je ne m'intéresse pas particulièrement à la lithothérapie, mais j'ai chez moi des minéraux que je collectionne tant pour leur beauté que pour leur forme. J'ai choisi des pierres pour leur symbolisme en lien avec la Mésopotamie ou Inanna, ou que j'associe à un de ses aspects. Rien ne vous empêche de travailler ou d'associer d'autres pierres avec la déesse, celles que je présente ne sont que mes goûts personnels pour travailler avec les aspects lumineux de la déesse ainsi que des correspondances mésopotamiennes.

Le lapis-lazuli

Le lapis-lazuli est la pierre des dieux par excellence en Mésopotamie, le symbole de la force de vie, de la puissance des divinités, de la royauté et de la justice. C'est également la pierre de prédilection de la déesse et, dans le mythe de la descente d'Inanna, il est mentionné qu'elle possède un collier et des bracelets en lapis-lazuli. Au IIe millénaire, en raison de son symbolisme associé à la vie et à la puissance divine, le lapis-lazuli a une place de choix dans les exorcismes comme talisman contre le mauvais œil. Le lapis-lazuli est genré, il est considéré comme une pierre masculine et sa contrepartie féminine est la cornaline[298].

298. CASANOVA (Michèle), « Le lapis-lazuli : la pierre précieuse de l'Orient ancien », in *Dialogues d'histoire ancienne*, vol. 27, n° 2, 2001, p. 149-170.

La cornaline

La cornaline est l'autre pierre que l'on retrouve dans les mythes et dans les tombes royales. Comme le lapis-lazuli, la cornaline revêt un aspect religieux, elle est associée aux montagnes et aux dieux et c'est une pierre féminine. Elle fait partie des pierres précieuses dans le Proche-Orient ancien, elle était un symbole de luxe et de prestige social alors que de nos jours, elle est une pierre semi-précieuse.

Le lapis-lazuli et la cornaline sont souvent associés, puisque le rouge et le bleu ont une grande importance dans la culture mésopotamienne et se retrouvent dans le cercle et le bâton que portaient les divinités.

La perle

La perle est une concrétion calcaire produite par certains mollusques. J'ai associé la perle à Inanna pour sa relation avec l'eau, la lune, la sensualité et la puissance créatrice féminine. Traditionnellement, la perle est associée à Aphrodite, mais comme elle est très proche d'Inanna, le choix me paraît cohérent. D'ailleurs, le collier de perles est la troisième parure abandonnée par la reine du ciel lorsqu'elle descend dans le royaume d'Ereškigal. Il est possible que cette association entre Inanna et la perle vienne du fait que la planète Vénus aurait pu être considérée comme la perle du ciel[299]. La perle n'est pas très présente en Mésopotamie, je l'associe à Inanna pour sa pureté et sa lumière. Elle s'accorde très bien à la déesse pour travailler des éléments qui lui sont chers, comme la transmutation.

---

299. Ibrahim Fredrikson (Nadia), « La perle, entre l'océan et le ciel : origines et évolution d'un symbole chrétien », in *Revue de l'histoire des religions*, tome 220, n° 3, 2003, p. 283-317.

Le grenat

Le grenat est une pierre de l'autodétermination. C'est une pierre qui pousse à aller de l'avant, à suivre sa propre voie sans influence externe. Elle permet d'aller chercher en nous la volonté nécessaire pour réaliser nos ambitions. Le grenat est la pierre de la fierté, de la force intérieure et de la confiance en soi. Il convient tout à fait pour l'aspect guerrier d'Inanna. Il nous aide à défendre nos opinions ou à affirmer ce que nous sommes au plus profond de nous. Le grenat est la pierre des challenges et de l'activation de l'instinct de survie.

Le grenat est également une pierre de l'équilibre qui agit aussi bien sur la libido que sur la gestion de la colère, ce qui en fait une pierre de la sexualité tout autant qu'une pierre de l'amour. C'est une excellente pierre pour travailler avec Inanna.

Comme avec le chapitre précédent, il s'agit de mes pierres privilégiées pour honorer Inanna et pour travailler avec ses caractéristiques lumineuses. Vous pouvez utiliser d'autres cristaux comme la chrysocolle, la pierre de lune, le jaspe, etc. Il n'y a pas de dogmes à respecter, je ne propose que des exemples.

Chapitre 10

Les couleurs[300]

Nous n'accordons pas tout à fait la même valeur aux couleurs que les Mésopotamiens. Les couleurs prédominantes étaient le blanc, le rouge et le bleu. Le bleu et le rouge étaient complémentaires : le bleu était une couleur masculine et le rouge, une couleur féminine. Mais cette association ne se résume pas à cela, le bleu pouvait symboliser la terre, Dumuzi, le monde divin ; le rouge pouvait symboliser le ciel, Inanna, le monde terrestre. Cependant, cette correspondance pouvait s'inverser, le bleu désigner le ciel et le rouge, la terre. Dans tous les cas, ces deux couleurs représentaient l'autorité, le pouvoir, la royauté et la présence des divinités.

Le blanc

En Mésopotamie, le blanc *(babbar)* représentait la pureté, l'éclat, la lumière, ce qui est brillant, la sainteté, etc. Le blanc était la couleur du dieu soleil Utu dont l'une des épithètes était *babbar* (le blanc, le lumineux). Le blanc devait être associé à la justice, comme le dieu soleil. C'est aussi une épithète d'Inanna en tant que planète Vénus. Le blanc était associé à la splendeur des corps des dieux et aussi, à des métaux comme l'argent et l'antimoine.

300. Voir l'article de Sinclair (Andrea) sur lequel je m'appuie : « Colour symbolism in ancient Mesopotamia », in *AncientPlanet Journal Online*, vol. 2, 2012, p. 18-33.

Le vert-jaune et le bleu clair

Sig$_7$*-sig*$_7$ désigne une couleur entre le jaune et le vert. C'était la couleur de la vie, de la fertilité, de l'abondance. C'était la couleur de l'humidité, de la fraîcheur, de l'herbe, des arbres, mais aussi parfois du ciel. Vert et bleu se confondent de temps en temps dans les textes. Comme le blanc, *sig*$_7$*-sig*$_7$ était un symbole de lumière et de splendeur.

Le bleu

Il existe quand même un terme pour désigner le bleu et il désigne précisément le bleu du lapis-lazuli : *za-gin*$_3$, et il était utilisé pour parler de toutes les nuances foncées de bleu. Le bleu était très proche symboliquement du blanc : pureté, sainteté, abondance. C'était la couleur des rois et des dieux, le lapis-lazuli était considéré comme une pierre précieuse, l'équivalent du diamant de nos jours. Cette pierre était un signe extérieur de richesse et de puissance, c'était la couleur royale par excellence ainsi que la couleur et la pierre de prédilection d'Inanna.

Le marron/rouge

Pour les Mésopotamiens, il existe deux sortes de rouge : le foncé et le lumineux. *Su*$_4$ désigne le rouge foncé, voire le marron. La cornaline est la pierre rouge foncé par excellence en Mésopotamie. C'était la couleur de la magie, le rouge permettait la soumission des démons-maladies et affirmait la pureté de l'exorciste. Comme le bleu lapis-lazuli, le rouge est la couleur des dieux et la couleur du ciel au lever et au coucher du soleil. C'est aussi une couleur associée à Inanna en tant que Vénus. Le rouge lumineux se disait *huš*, il désignait le rouge sang, le rouge du feu, le rouge des batailles. C'était une épithète d'Inanna en tant que déesse de la Guerre. Dans ce cas, ce rouge était considéré comme la couleur de l'agression et de la destruction. Il illustrait le côté violent des divinités et des rois.

Ce sont les principales couleurs qui apparaissent dans les textes. Les couleurs dominantes sur les quelques peintures retrouvées dans les palais ou les temples sont le rouge, le bleu, le noir et le blanc[301]. À cette liste s'ajoute également l'or, que ce soit le métal ou la couleur, qui était également employé pour décorer les temples et créer des bijoux ou des armes d'apparat. L'or était une manifestation de la lumière, donc du divin. Comme les pierres précieuses, il était importé des montagnes et était réservé à l'élite sociale ainsi qu'aux temples. Comme l'or brille à la manière du soleil, il était associé à la splendeur *(melammu)* des dieux[302]. Ce qui importait le plus, c'était d'utiliser des couleurs symbolisant la lumière, ce qui revenait à symboliser les dieux, l'ordre et la royauté. Ce sont des exemples de couleurs utilisés en Mésopotamie, mais rien ne vous empêche d'associer d'autres couleurs à Inanna, comme le pourpre pour symboliser la royauté ou la majesté de la déesse.

---

301. Pizzimenti (Sara), « Colours in Late Bronze Mesopotamia: Some hints on wall paintings from Dur Kurigalzu, Nuzi and Kar-Tukulti-Ninurta », in *Proceedings of the 7th International Congress on the Archaeology of the Ancient Near East*, Matthews (R.) et Curtis (J.) [éd.], *Harrassowitz Verlag*, Wiesbaden, vol. 2, 2012, p. 303-318.
302. Winter (Irene), « Gold! Light and Lustre in Ancient Mesopotamia », *op. cit.*, p. 153-171.

CHAPITRE 11

ÉPITHÈTES ET TITRES D'INANNA

Inanna possède de nombreuses épithètes et de multiples noms ou titres. Cette liste est loin d'être exhaustive, mais elle pourra aider ceux qui veulent travailler avec elle. J'ai donc choisi de mettre les expressions en sumérien avec la traduction française.

La femme

Sumérien	Traduction
munus	La femme
ki-sikil	La jeune femme
nin	La dame
kar-kid	La femme hors du patriarcat/ prostituée
munus gal an-ne-ke$_4$	La grande femme du ciel
nin gal ^{d}*Inanna*	La grande dame Inanna
dumu gal ^{d}*suen-na*	Formidable fille de Sin (Nanna, le dieu lune)
lu$_2$*-tur*	L'enfant
nin$_9$ *ban*$_3$*-da*	La petite sœur
nir-ğal$_2$ *nin-e-ne*	Respectée parmi les femmes
nin gal an-na-ke$_4$	Grande dame du ciel

munus zid	Femme juste
nin kak-kal-la	Dame précieuse
^{d}an-ne ki-ağ$_2$	Bien aimée d'An
ul gur$_3$-ri hi-li	Parée de beauté/séduction
nin$_9$ ki-ağ$_2$ ^{d}du-mu-zid-de$_3$	Sœur bien-aimée de Dumuzi

La souveraine

Sumérien	Traduction
ga- ša-an an ki-ge$_4$	La reine du ciel et de la terre
ereš	La reine
ga- ša-an er$_9$-ra$^{i\text{-}ra}$	La puissante reine
nin ki Unug^{ki}	La reine d'Uruk
in-nin	La maîtresse
nin ku-ra	La maîtresse du Kur ou la maîtresse des montagnes
nin kur-kur-ra-ke$_4$	La dame de tous les pays
nin me gal-gal-la	Dame des grands pouvoirs divins
Inanna nam-nin-a tum$_2$-ma	Inanna, équipée pour être reine
nin me mah šu du$_7$-a	Dame qui rend parfaits les pouvoirs divins
šağ-kal diğir-re-e-ne	Première parmi les dieux
ereš nam-mah	Reine formidable
ereš u$_3$-na	Reine agressive
in-nin šag$_4$ gur$_4$-ra	La maîtresse au grand cœur

La guerrière

Sumérien	Traduction
in-nin me ḫuš-a ni_2 *gur*$_3$*-ru me gal-la* u_5*-a*	Déesse des redoutables pouvoirs divins, vêtue de terreur et chevauchant les grands pouvoirs divins
nin me_3	La dame des batailles
ᵈInanna ur-sağ me_3	Inanna, héroïne des batailles
ᵈInanna me_3*-a* ni_2 *me-lem*$_4$ *gur*$_3$*-ru*	Inanna qui émet la peur et le terrible éclat dans la bataille

La prêtresse divine

Sumérien	Traduction
nu-u$_8$*-gig*	Sage-femme divine/prêtresse
kug Inanna	La sainte Inanna (litt. : la brillante Inanna)
igi-ğal$_2$	La sage
ᵈan kug-ga	La splendeur d'An
ᵈInanna u$_3$*-sumun*$_2$ *zid nun-gal-e-ne*	Inanna, vache sauvage juste des Igigi[303]
zi-gal-un	Force de vie du peuple ou souffle de vie du peuple

Vénus

Sumérien	Traduction
nin an-šag$_4$	La dame de l'intérieur du ciel

303. Les Igigi sont des divinités mineures condamnées à creuser les canaux d'irrigation avant la création de l'homme.

nin an-usan	La dame du soir
nin sag_9	La belle dame
hi-li ^{d}*an*	Joie d'An
me-te an	Ornement du ciel
ud dalla e_3*-a*	Lumière resplendissante

Certaines de ces épithètes ne sont pas propres à Inanna, par exemple « la femme juste », « la sage », « la reine », « la maîtresse », « la grande dame », « la dame », « la jeune fille » et d'autres encore sont aussi des épithètes de déesses comme Ninmah, une déesse-mère ou encore Ninlil, l'épouse du roi des dieux Enlil. *Nin*, « la dame », est utilisé pour toutes les déesses. Il entre aussi dans les noms de dieux comme Ninazu, le dieu chthonien de la guérison, car *nin* s'employait aussi bien pour les dieux que pour les déesses à l'époque des dynasties archaïques.

CHAPITRE 12

HYMNES ET PRIÈRES

Vous pouvez créer vos propres prières à Inanna. Cela demande un peu d'imagination et nécessite de connaître les fonctions et les épithètes de la déesse. C'est assez simple, il suffit d'adapter la prière en fonction de ce que vous voulez et de l'aspect d'Inanna auquel vous demandez un soutien. Voici quelques exemples de prières que j'ai créées en m'inspirant d'hymnes antiques.

Prière à l'Inanna guerrière

Ô Dame des batailles, toi, la lumineuse qui inspire terreur et effroi,
Ton rugissement fait trembler la terre et le ciel.

Toi, la glorieuse guerrière qui a reçu la hache heptacéphale d'An et Enlil,
Fière parmi les Anunnaki, redoutable Ušumgal aux *me* parfaits.

Tu plonges dans l'effroi et la confusion ceux qui te défient,
Habillée d'une tempête furieuse, tu tailles en pièces ceux qui ne montrent pas de respect.

Splendides sont tes décisions, pures sont tes intentions !

Noble fille de Nanna, pose un regard bienveillant sur ta servante,
Accorde-moi ta force et ta protection !

Inanna qu'il est bon de te louer.

Dans cette petite prière, j'ai utilisé les bases de la pensée religieuse sumérienne : la splendeur, la pureté et les *me* (décrets divins).

Il y a bien entendu le champ lexical de la bataille et un rappel de la place d'Inanna dans le panthéon. La dernière phrase est assez commune dans les hymnes et les mythes, il y a très souvent une expression qui indique la joie du fidèle à prier sa divinité.

J'honore l'aspect guerrier d'Inanna pour trouver en moi du courage lors des moments difficiles ou me remotiver quand ça ne va pas, mais jamais contre quelqu'un, car mon ennemi le plus redoutable, c'est moi-même, pas les autres.

Prière à l'Inanna des contraires

Née du saint ventre de Ningal, fille de Nanna, d'An et Enlil,
Toi, la splendide dans l'assemblée divine, qui détient les *me* parfaits d'Enki,
Toi, la brûlante lumière qui change le jour en nuit et la nuit en jour.

Sur ton ordre parfait, la jeune fille délaisse son fuseau et prend les armes.

Sur ton ordre parfait, le jeune homme délaisse les armes et prend le fuseau.

Tu es la *ki-sikil* du ciel et de la terre,
Tu es l'épouse du divin berger Dumuzi.

Quand tu es dans la maison de ton père, tu es la jeune fille sage.

Quand tu es à la taverne, tu es la femme experte qui attend l'homme.

Les *kurgarru* et les *assinu*[304] chantent et dansent pour ta gloire.

Ô ma noble dame, sombre et lumineuse,
Que mon cœur se réjouisse en ta présence,
Sainte Inanna, accorde-moi un destin favorable !

---

304. Prêtres transformistes ou transgenres qui incarnaient les aspects masculins et féminins de la déesse.

La structure est volontairement redondante, c'est le style des prières et des hymnes mésopotamiens. *Ki-sikil* signifie littéralement « terre pure », autrement dit « vierge » ou « adolescente ». Il y a un rappel des prêtres de son culte et des paradoxes de la déesse : vierge/épouse, jeune fille/prostituée, jour/nuit, etc. J'utilise ce type de prière quand je veux sortir de ma zone de confort, pour apaiser mes craintes et mes doutes, d'où le « destin favorable » demandé. Inanna est une déesse qui invite à sortir de sa boîte, de sa case, à ne pas se contenter de ce que l'on a, à toujours se dépasser. C'est ce qu'exprime cette prière.

Hymne à l'amante

Je suis la Maîtresse du ciel et de la terre,
Je suis celle qui invite aux jeux amoureux,
Celle qui divinise et accorde la royauté,
Mon corps est un jardin qui appelle à la volupté,
Où mon jardinier vient planter son pommier.

Ma rose exalte son parfum et son nectar est le plus doux des miels.

Viens ! Ô mon bien-aimé ! Viens !

Caresse ma vulve et répands ton lait !

Ma peau, douce et chaude comme le nard,
Frémit et s'éveille sous tes baisers.

Mon bien-aimé, tes paroles m'enivrent tel le vin
Et au sein de notre couche, je prolongerai tes jours.

Tu es le lion furieux des batailles que je chevauche,
Ton rugissement est ma flamboyante couronne,
Je suis la reine victorieuse et la jeune femme pleine de désir.

Je suis l'épouse qui n'est vêtue que d'or et de lapis-lazuli.

Je suis aussi dorée que les grains des greniers.

Au creux du jardin sacré que tu laboures,
Je t'enseigne la voie de l'homme sage.

Je suis celle qui rend la couche douce et agréable,
Celle qui remplit les cœurs de joie,
Celle qui accorde vie et prospérité,
Celle qui fait fleurir le désert,
Je suis Inanna.

Dans cette louange à l'amante, j'ai voulu rendre la passion et la fougue qui animent la déesse dans les hymnes et les mythes. Il est bien évidemment érotique vu que les Sumériens n'étaient pas prudes à ce niveau. Cet hymne chante les différents aspects de la sexualité : le plaisir, la fertilité, la royauté et l'entendement (sagesse, éveil...), et des différents visages de la déesse comme la reine, la jeune fille, l'épouse, etc. J'ai pensé l'amant comme étant Dumuzi le berger, d'où l'image du lait/sperme. Cet hymne est aussi dans le style des hymnes mésopotamiens, c'est un style que je connais bien donc je m'en inspire, mais libre à vous de faire des vers avec des rimes si vous le souhaitez. L'essentiel dans un hymne, c'est de louer ou de rendre grâce. Celui-ci est sur l'amante, mais chaque visage d'Inanna peut être honoré.

Il n'y a pas de règles pour écrire une prière ou un hymne, il suffit de se laisser porter par la motivation et l'inspiration du moment. C'est un cri du cœur et c'est un moyen simple de tisser un lien avec une divinité. L'hymne est un outil facile à créer et à utiliser, c'est une offrande pour Inanna, un moyen d'exprimer votre reconnaissance et votre ferveur.

Il existe beaucoup d'hymnes dédiés à Inanna ou au couple divin qu'elle forme avec Dumuzi. Voici des extraits d'hymnes suffisamment bien conservés pour vous donner un aperçu des types de prières qui étaient récitées dans les temples :

> *Mon père m'a donné les cieux et il m'a donné la terre. Je suis Inanna ! Quel dieu se compare à moi ?*
> *Enlil m'a donné les cieux et il m'a donné la terre. Je suis Inanna !*
> *Il m'a donné le commandement et il m'a donné la royauté féminine.*
> *Il m'a donné les batailles et il m'a donné le combat.*
> *Il m'a donné la tempête et il m'a donné le nuage de poussière.*
> *Il a placé les cieux sur ma tête comme une couronne. Il a mis la terre à mes pieds comme des sandales. Il a enveloppé le vêtement sacré autour de mon corps brillant.*
> *Les dieux sont de petits oiseaux, mais je suis le faucon.*
> *Les Anunna fourmillent, mais je suis la bonne vache sauvage.*
> *[...]*[305]

La déesse fait l'étalage de tous les pouvoirs qu'Enlil lui a donnés. Voici un autre extrait d'un hymne, c'est un chant d'amour entre Inanna et Dumuzi :

> (Inanna :) *Pour aussi longtemps que tu vivras, aussi longtemps que tu vivras, tu me feras un serment, frère de la ville extérieure, tant que tu vivras, tu me feras un serment. Tu me feras le serment que tu ne toucheras personne d'autre. Tu me feras le serment que tu ne [...] ta tête sur personne d'autre. C'est le serment des femmes, mon frère aux beaux yeux.*
> *Mon unique qui porte le [...] la parure cérémonielle, mon bien-aimé, homme de mon cœur ! Je t'imposerais un serment [...], mon frère aux beaux yeux.*

305. « A *balbale* (?) to Inana (Inana F) », in *ETCSL*, t. 4.07.6, consultable sur http://etcsl.orinst.ox.ac.uk/cgi-bin/etcsl.cgi?text=t.4.07.6&display=Crit&charenc=&lineid=t4076.p1#t4076.p1

Tu dois placer ta main droite sur ma vulve tandis que ta main gauche repose sur ma tête, rapproche ta bouche de ma bouche et prend mes lèvres dans ta bouche, ainsi tu me prêteras serment. C'est le serment des femmes, mon frère aux beaux yeux[306].

Ici, nous retrouvons les amants dans la chambre nuptiale. La scène décrit une conversation sur l'oreiller. L'épouse jalouse exige un serment de fidélité de son époux avant de l'inviter à initier les jeux amoureux. Ces textes étaient lus en public et l'érotisme était une forme d'art très appréciée.

Cet extrait d'un poème royal loue Inanna en tant que divinité stellaire (Vénus) :

Je saluerai celle qui s'élève, celle qui monte au-dessus,
Je saluerai la Maîtresse qui s'élève, je saluerai la grande Dame du Ciel, Inanna !
Je salue la torche sainte qui remplit les cieux, la lumière, Inanna, celle qui brille comme le jour, la grande Dame du Ciel, Inanna !
Je saluerai la Maîtresse, la dame la plus impressionnante parmi les dieux Anunna, la respectée qui remplit le ciel et la terre de son immense éclat, la fille aînée de Sin (nom akkadien du dieu de la lune), *Inanna !*
Pour la jeune femme, je chanterai une chanson sur sa grandeur, sur sa grandeur, sur sa dignité exaltée ; sur son ascension radieuse le soir ; sur le fait qu'elle remplit le ciel comme une torche sacrée ; sur sa position dans les cieux, aussi visible de toutes les terres, du sud aux hautes terres, comme Nanna (nom sumérien du dieu de la lune) *ou Utu* (dieu du soleil) *; sur la grandeur de la maîtresse du ciel*[307] *!*

306. « A *balbale* to Inana (Dumuzid-Inana B) », *op. cit.*
307. « A *šir-namursaĝa* to Ninsiana for Iddin-Dagan (Iddin-Dagan A) », in *ETCSL*, t. 2.5.3.1, v. 1-16, consultable sur https://etcsl.orinst.ox.ac.uk/cgi-bin/etcsl.cgi?text=t.2.5.3.1#

Chapitre 13

Honorer Inanna au XXIe siècle

Le sacerdoce est un mariage sacré

Je crois qu'il s'agit d'une constante depuis les dynasties archaïques. S'engager auprès d'Inanna est une forme de mariage sacré. Il s'agit bien évidemment d'une union symbolique entre la déesse et le dévot ou la dévote qui joue le même rôle que le roi. Elle demande un engagement total et sincère envers elle et envers soi-même. Inanna est une déesse souveraine exigeante et complexe. S'engager auprès d'elle, c'est ne jamais faiblir face aux épreuves, accepter les défis, pleurer avec elle sur ses amours perdus, danser et chanter à la moindre occasion. S'engager auprès d'Inanna, c'est aussi accepter tous ses paradoxes et contradictions, et les vivre. Le principal pour travailler avec elle, c'est notre force intérieure et notre capacité à nous transformer. Cela implique d'accepter de se remettre en question et d'interroger ses croyances, ses schémas de pensées, de jouer avec les normes sociales et d'avoir le courage de s'affirmer. Lors de cet engagement, Inanna accorde sa bénédiction, son esprit accompagne toujours son « époux » ou son « épouse ». Elle accorde son soutien, sa protection et sa sagesse comme elle le faisait lors du mariage sacré avec les rois.

Les traditions occidentales ont confondu l'acte sexuel avec le langage érotique. Elles ont alors mis la sexualité au cœur du mariage sacré royal alors qu'il est avant tout question de vénération et d'un engagement envers une divinité. Le langage érotique servait le chant d'amour, il était l'expression de la dévotion du roi.

Pour rappel, à Isin, le roi devenait prêtre lors de cette union. Le mariage sacré tel qu'il existait à Sumer peut être compris comme un rite de consécration à Inanna, c'était même le cas. Selon moi, le mariage sacré peut être élargi à n'importe quel rituel de consécration à une divinité. C'est tout à la fois un engagement solennel et une déclaration d'amour. La relation entre une prêtresse ou un prêtre avec sa divinité connaîtra des hauts et des bas avec parfois un divorce et des retrouvailles, comme dans n'importe quel couple. J'ai épousé Inanna lorsque je suis devenue sa prêtresse, je me suis épanouie dans ce mariage d'amour malgré les coups durs et les moments de doute. Dans ce type de mariage sacré, il n'est pas question de genre ou de sexualité, mais d'engagement, et de dévotion. En ce qui me concerne, mon amour pour Inanna est un mélange de fascination, d'admiration et de profond respect.

Travailler avec l'Inanna lumineuse

Cela dit, il n'est pas nécessaire de devenir prêtre ou prêtresse d'Inanna. Ce qui importe, c'est votre intention et votre énergie. Inanna ne va pas vous permettre d'attirer à vous ce que vous souhaitez (amour, chance, force, etc.). Ce qu'elle fait, c'est transformer les individus. De toute manière, nous avons vu beaucoup des aspects d'Inanna en tant que déesse de la Lumière. Si vous n'êtes pas à l'aise avec le changement et la transformation, alors il n'est peut-être pas pertinent de travailler avec elle. Inanna demande un engagement, elle n'est pas le genre de déesse que l'on peut venir consulter ponctuellement quand on a besoin d'elle. Il serait également très naïf de croire qu'il est possible de se présenter à elle sans être sincère. Le père et le frère d'Inanna sont des dieux de la Justice, ce qui est aussi le cas d'Inanna : elle est le bras armé de la justice. Dans le mythe d'Inanna et Ebih, la déesse est impitoyable avec la montagne qui ne lui témoigne pas de respect. Elle finira par véritablement le massacrer avant de chanter et danser sur son corps carbonisé. C'est le sort réservé à ceux qui la sous-estiment. Inanna est une reine fière et sûre d'elle. Elle attend du respect et de la sincérité de la part de ceux qui l'appellent. Cela n'est pas surprenant et s'applique pour tout travail avec n'importe quelle divinité. Sur ce point, Inanna n'est pas plus dure ou exigeante qu'une autre divinité.

Le visage lumineux d'Inanna n'est pas un visage maternel et aimant. Il représente son pouvoir sur la vie ainsi que son pouvoir de transformation. Il représente également son côté guerrier, sa royauté ainsi que sa toute-puissance sur l'univers. Inanna est tout sauf inoffensive. Elle est une énergie puissante et transformatrice qui peut sérieusement ébranler. On pourrait même dire que déstabiliser ses dévots l'amuse. Le jeu est l'une de ses prérogatives qu'il ne faut pas sous-estimer. Elle a un côté farceur et acariâtre. Elle aime mettre mal à l'aise, nous confronter à nos illusions et à nos paradoxes ou encore se moquer des conventions. Elle a un côté « empêcheuse de tourner en rond » qui agit avec humour et autodérision. Elle enseigne à ne pas se prendre au sérieux et à prendre du recul sur soi-même et les situations. À l'inverse, Inanna peut devenir très intransigeante et sérieuse. Elle nous pousse à sortir de notre zone de confort, et même violemment si nécessaire. Elle sait trancher dans le vif pour casser les chaînes qui nous empêchent d'avancer, sans se soucier de nos cris et de nos larmes. Avec elle, ce qui doit être détruit doit être rapidement détruit, et ce sans état d'âme. En revanche, une fois cette dynamique de transmutation engagée, elle ne lâchera pas votre main. Après tout, elle est une *lama,* une déesse qui guide et protège ceux qui lui font confiance et l'honorent.

Elle n'est donc pas une déesse lointaine et terrible que seuls quelques élus adoubés peuvent approcher. Tout le monde peut travailler avec elle. D'ailleurs, dans sa mythologie, elle est à l'écoute du plus simple des jardiniers au plus grand des rois. Elle protège aussi bien la prostituée que la reine. Le statut social et le nombre d'années de pratique magique n'ont donc aucune valeur pour elle. Si vous êtes sincère, humble et prêt à vous laisser transformer par son énergie, c'est suffisant.

Outils

La meilleure façon de découvrir une divinité, c'est par la pratique. Il vous revient de faire vos expériences et de créer une relation avec la divinité. Les outils que je propose sont des exemples de ce qu'il est possible de réaliser. Ils ne sont que le reflet de ma propre relation avec Inanna et de mes goûts personnels.

Les incantations d'ouverture et de fermeture de rituel

Je ne ritualise pas en sumérien ou en akkadien. Je trouve que cela n'a aucun intérêt à part celui de flatter l'ego. Par contre, de la vaste littérature magique mésopotamienne, j'ai gardé certains éléments que je trouve intéressants et pertinents, et j'ai fait selon mes besoins. J'avoue que j'ai une tendresse particulière pour certains rituels pour leur côté un peu étrange[308].

308. Certains rituels sont extrêmement longs. Lorsque le prêtre ne connaît pas le motif de la faute, le rituel énumère tout un tas de fautes dont certaines sont très improbables. Il peut même y avoir une phrase sur les erreurs commises sans le savoir. J'aime aussi les rituels « pré-remplis » où il suffit de rajouter son nom et celui de son dieu pour que les problèmes disparaissent.

Ainsi, j'ouvre et je ferme mes rituels avec des incantations inspirées des *šurpu* (exorcismes par combustion) :

Ouverture	Fermeture
Je suis la prêtresse, j'allume le feu, Je place le foyer, j'allume la délivrance, Je suis la prêtresse qui a été créée à Eridu, Moi, je suis la messagère d'Enki, Mon incantation, fais-en ton incantation pure, Ma bouche, fais-en ta bouche pure, Mes paroles pures, rends-les bonnes, Enki, ordonne que mes rites soient gardés purs.	Le foyer que j'ai allumé, je l'éteins, le feu que j'ai allumé, je l'éteins.

Ces incantations rappellent que l'*ašipu* (l'exorciste, c'est-à-dire le magicien pour les Mésopotamiens) agit et parle au nom du dieu. En fait, c'est même le dieu qui parle à travers l'*ašipu* et c'est lui qui mène le rituel. En l'occurrence dans ces incantations, c'est Enki qui est invoqué, car il est le dieu de la Magie ; mais techniquement, n'importe quelle divinité peut être invoquée, y compris Inanna.

Le bain de purification

La purification est la base de la pratique magique mésopotamienne. Avoir une bonne hygiène énergétique est important, aussi, avant un rituel ou après une journée pénible, un bon bain purifiant fait du bien !

Ingrédients :

- 1 verre de jus de citron
- 1 poignée de gros sel
- ½ verre d'hysope
- 1 verre de thym
- ½ verre de romarin

Broyez l'hysope, le thym et le romarin dans un mortier avant de faire une infusion dans deux litres d'eau chaude. En attendant, faites couler votre bain. Quand l'infusion est bien foncée, ajoutez le gros sel et le citron. Et après, versez le tout dans la baignoire et mélangez l'eau avant de vous glisser dedans.

Le bain est suffisant, mais les incantations de purification mésopotamiennes possèdent un charme indéniable :

Avec l'eau des purs Tigre et Euphrate, l'eau de la mer et du vaste océan.
Sous le commandement d'Enki, exorciste parmi les dieux,
L'expert parmi les dieux, Maître de l'Engur (océan souterrain),
Avec de l'eau pure, de l'eau resplendissante,
Avec de l'eau, deux fois sept fois
Asperge
Purifie
Que la prêtresse périssable, par le sacrifice de grâce
Et de salut, comme le cuir pur, resplendisse.[309]

La rose sigillaire

La Mésopotamie est moins « populaire » que l'Égypte ou les Celtes. Le DIY[310] et la créativité sont donc de mise, à moins d'avoir un budget plus que conséquent.

Un sigil est un sceau personnel : « il s'agit d'inscrire une intention magique dans un glyphe, un dessin ou un son[311] ». Il est nécessaire d'analyser son désir et de bien le formuler (toujours à l'affirmatif)

---

309. Cette incantation est un mélange d'incantations magiques assyriennes et akkadiennes. C'est un « bricolage » que j'ai réalisé pour ma pratique personnelle.
310. *Do It Yourself*, créer soit même ses outils magiques est un acte magique en soi.
311. Soror D.S et Spartakus Freeman, *Les Sigils. La magie du XXI*[e] siècle, Éditions Bussière, Paris, 2010, p. 9.

avant de créer le sceau de diverses manières. Une fois le sceau réalisé, il doit être activé en entrant dans un état de conscience modifiée, comme lors d'une méditation, quand les pensées sont suspendues. Pour atteindre cet état de « gnose », les moyens sont à la discrétion et à l'imagination du praticien : le dessin, la danse, etc. La dernière partie est le bannissement : une fois le sigil activé, il faut l'oublier, lâcher prise ; le plus simple est de le détruire et de ne plus y penser.

Cette pratique a l'avantage d'offrir une grande liberté et de permettre d'expérimenter plusieurs techniques de réalisation ou de gnose. C'est un outil très flexible et adaptable. Un sigil peut être vu comme une force concentrée, une sorte de tampon-encreur, qui cherche à imprimer la volonté dont il est constitué sur la toile de la réalité pour l'influencer ou la modifier. Quelles quantité et qualité d'énergie faut-il dépenser pour y arriver ? Comment peut-on mesurer cette force ? Comment savoir si ça marche vraiment sans faire appel à la croyance ? Par exemple, si on réalise un sigil pour trouver un travail et que notre souhait se réalise, on ne peut pas savoir si c'est par l'action du sigil ou si c'est grâce à notre CV et à nos recherches d'emplois. Il n'est pas possible de mesurer objectivement l'impact d'un sigil à l'heure actuelle, c'est plus une question de croyance. Les questions d'efficacité m'intriguent beaucoup, mais ne m'empêchent pas de faire des tests et de stimuler ma curiosité.

Cette rose sigillaire a été réalisée à l'aide de l'alphabet consonantique ougaritique vu que c'est le seul alphabet en cunéiforme existant. J'ai ajouté des signes en sumérien archaïque et en sumérien ainsi que l'étoile à huit branches d'Inanna. La rose n'est pas aussi pénible à utiliser qu'elle n'y paraît, il faut juste faire l'effort d'apprendre l'alphabet ougaritique.

Rose sigillaire

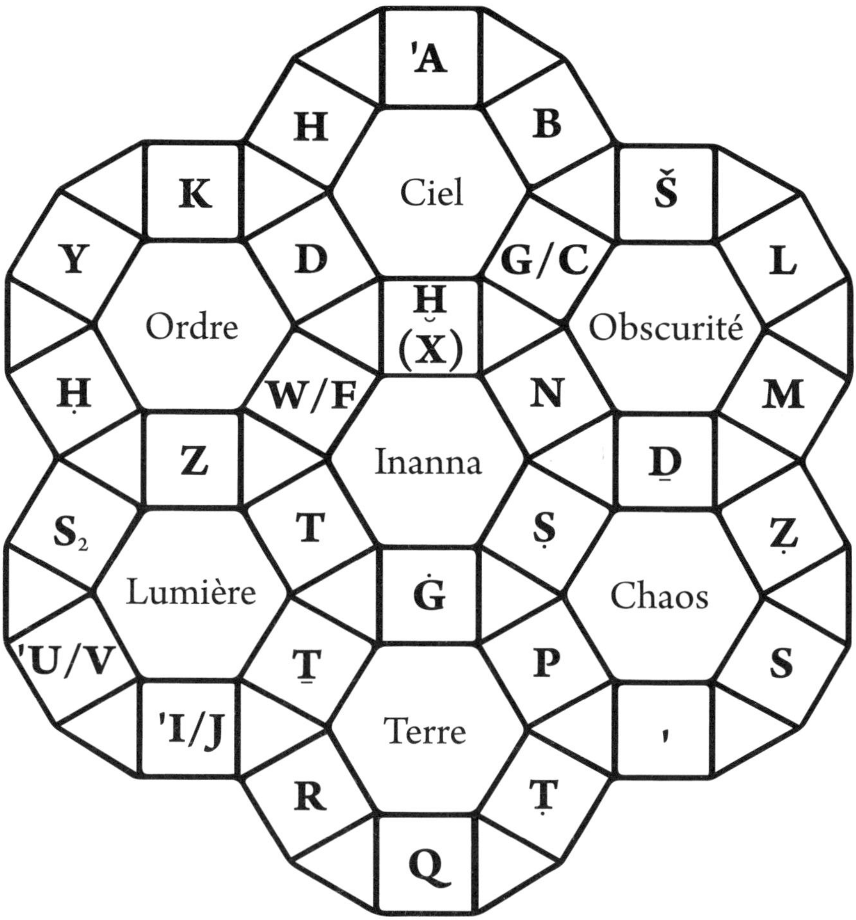

Translittération de la rose sigillaire

Voici la rose traduite.

Les points suscrits (au-dessus des lettres), les points et les traits souscrits (en dessous des lettres) modifient la valeur phonétique des lettres, mais ce n'est pas gênant. Il vaut mieux les considérer comme des doublons et donc des chemins différents pour créer le sigil.

I et J se confondent et dans les langues sémitiques, le wav *(w)* est l'ancêtre du F latin. Le C n'existe pas, mais se rapproche du G, tandis que le U et le V se confondent.

À partir de cette rose, on peut créer des sigils.

1re phase : l'intention

On commence par formuler une intention courte et toujours à l'affirmatif. Par exemple, vous doutez de vos capacités :

J'AI CONFIANCE EN MOI

L'intention est à l'affirmatif, au présent, clairement exprimée et facilement réalisable à court terme. On enlève les voyelles et les lettres en double et on obtient :

JCNFM

2e phase : la création

Pour créer le sigil, il suffit de reporter les lettres sur la rose, comme ceci. Vous pouvez partir de *zalag*, la lumière, car elle est synonyme de force et de présence :

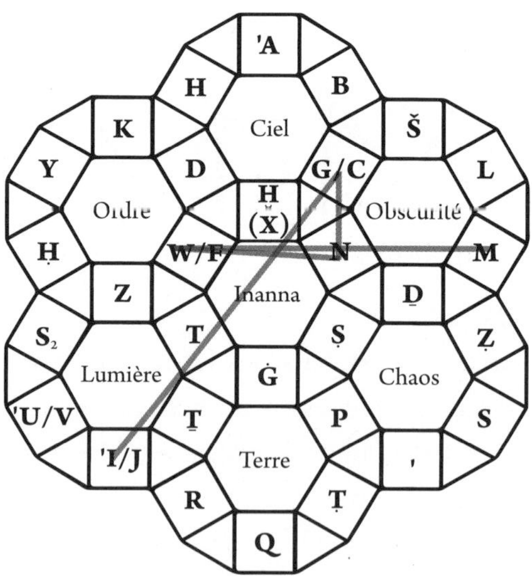

Élaboration du sigil

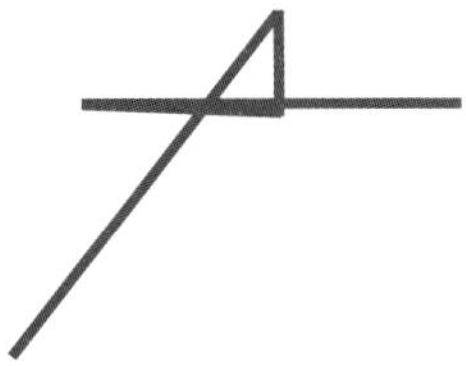

Sigil

3e phase : l'activation

Il faut activer le sigil en atteignant un état de gnose, une sorte de vide mental où la conscience est court-circuitée. Cette phase est nécessaire pour faire taire notre censeur personnel qui murmure que l'on n'y arrivera pas ou que ça ne marchera pas. Vous avez plusieurs possibilités :

- la danse : dansez jusqu'à entrer en transe ;
- le dessin : dessinez le sigil, coloriez-le, dessinez un mandala avec le sigil au centre, etc. ;
- la gnose sexuelle : avec ou sans partenaire[312]. Au moment de l'orgasme, visualisez le sigil ;
- l'épuisement : sport, marche, etc. Dépensez-vous jusqu'à ce que votre conscience décroche et visualisez le sigil.

Ce sont des exemples, il y a autant de techniques qu'il y a de praticiens, c'est tout le charme de cette technique : il n'y a pas de règles. Expérimentez et faites-vous plaisir.

4e phase : l'oubli, le bannissement

Il reste une dernière phase : l'oubli. En d'autres termes, pour que votre travail fonctionne, il faut l'oublier. Votre sigil est un message, si vous le retenez, il n'arrivera jamais à destination. Vous pouvez par

312. Demandez toujours l'accord de votre partenaire pour ce type de pratique.

exemple regarder un film, lire un livre, faire du ménage, détruire le sigil ou faire une sieste. Faites en sorte que votre esprit ne soit plus préoccupé par votre intention. Il faut lui laisser vivre sa vie de sigil en toute confiance. C'est parfois un peu compliqué parce que nous sommes impatients, mais si on a confiance, il n'est pas nécessaire de revenir sur son travail.

Vous pouvez trouver très facilement d'excellents articles ou des livres qui détailleront les techniques et l'art de créer des sigils. Ici, ce n'est qu'un résumé grossier de la sigillation.

La bougie d'Inanna

Réalisée avec de la cire, de la rose de Damas, du jasmin et du cèdre. J'aime bien faire moi-même mes bougies, ce qui me permet de les charger avec l'énergie de la déesse ou des intentions.

Ingrédients :

- 50 g de cire d'abeille
- 13 g de cire florale de jasmin
- 7 g de cire florale de rose de Damas
- 8 gouttes d'huile essentielle de cèdre

Faites fondre les cires ensemble au bain-marie à feu doux.

Trempez la mèche 2 minutes dans la cire et laissez-la sur du papier aluminium. Roulez-la en veillant à ce qu'elle reste droite.

Hors feu, ajoutez l'huile essentielle et mélangez bien.

Mettez la mèche dans un socle en métal.

Versez la cire dans un récipient (verre, moule…) et placez aussitôt la mèche en vérifiant que le socle en métal touche bien le fond du verre.

Laissez refroidir.

L'HUILE DE CONSÉCRATION

Vous pouvez aussi choisir d'acheter une bougie et de la consacrer à Inanna. Vous pouvez utiliser l'huile de votre choix pour faire vos mélanges. En Mésopotamie, l'huile la plus utilisée était l'huile de sésame, mais l'huile d'olive fait aussi très bien l'affaire. Il vous suffit de diluer vos huiles essentielles dans l'huile végétale en fonction du visage d'Inanna que vous voulez honorer :

- l'amante : rose, jasmin, ambre, ylang-ylang…
- la reine : cèdre, oliban, lys…
- la guerrière : laurier, cannelle, copal, sang-de-dragon…
- la jeune fille/l'enfant : lavande, violette, mandarine…

Il est également possible de réaliser des macérats huileux avec de l'encens en grain et/ou des fleurs séchées. Il y a alors deux possibilités.

- **La macération à froid.** Dans un récipient stérilisé, mettez vos fleurs, feuilles, racines, etc., préalablement broyées ou ciselées. Recouvrez d'huile. Laissez au soleil au moins quatre semaines.
- **La macération à chaleur douce.** La préparation est la même sauf que le récipient est placé quarante-huit à soixante-douze heures dans une yaourtière. La température douce (40 °C) permet d'extraire les principes actifs et les parfums plus rapidement qu'avec une macération à froid. C'est ma technique préférée. Je la trouve très efficace pour les résines comme l'oliban ou la myrrhe. Je prépare mon mélange de plantes sèches, poudre, encens que je recouvre d'huile et je mets ma préparation dans la yaourtière. Au bout de soixante-douze heures, je filtre et j'obtiens mon huile de consécration.

Ingrédients :

- 1 cuillère à café d'oliban
- 1 cuillère à café de myrrhe
- ½ cuillère à café de benjoin
- ⅓ cuillère à café de cire de jasmin
- ½ cuillère à café de rose de Damas

Une fois filtrée et refroidie, j'ajoute une à deux gouttes d'ambre. Cette huile me sert à oindre mes bougies dédiées à Inanna. Je l'utilise également lors de rituels et de méditations.

Le baume de l'amante

C'est un baume hydratant que j'utilise après ma douche quand j'ai envie de me faire plaisir en prenant soin de moi. Il est composé de trois de mes fragrances préférées : le musc, l'ambre et le jasmin. L'odeur est très suave et capiteuse.

Ingrédients :

- 80 g de beurre de coco
- 2 cuillères à soupe d'huile de sésame
- 10 g de cire florale de jasmin
- 8 gouttes de fragrance cosmétique de musc
- 6 gouttes de fragrance cosmétique d'ambre
- 4 gouttes de fragrance cosmétique de vanille

Faites chauffer légèrement au bain-marie le beurre de coco et la cire florale de jasmin.

Hors feu, ajoutez l'huile de sésame.

Insérez une à une les fragrances en mélangeant entre chaque ajout.

Transférez la préparation dans un pot préalablement stérilisé et laissez refroidir.

Encens de la Reine du Ciel et de la Terre

C'est un mélange d'encens assez simple. Il suffit de broyer les encens en grains et les plantes dans un mortier et de faire brûler le mélange obtenu sur un charbon ardent.

Ingrédients :

- Oliban (3/10)
- myrrhe (3/10)
- rose (1/10)
- jasmin (2/10)
- santal (1/10)

CHAPITRE 14

RITUELS

Comment et pourquoi ritualiser ?

Entre les mythes et les symboles d'Inanna, on pourrait passer une vie entière dédiée aux explorations intellectuelles et magiques sans pour autant réussir à soulever son voile.

RITUALISER EN SUMÉRIEN ET EN AKKADIEN ?

Nous avons plusieurs fois analysé du vocabulaire pour comprendre des concepts religieux, il me semblait pertinent d'aborder le sujet de la langue dans les rituels.

En ce qui concerne la langue à employer dans les rituels, on trouve deux écoles. D'abord il y a les tenants des traditions pour qui, en dehors des rituels en hébreu, grec et latin, il n'y a point de salut. Ensuite il y a les autres, ceux qui disent que traduire un texte dans sa langue maternelle est amplement suffisant. Je ne suis pas une puriste, même si j'ai étudié plusieurs des langues anciennes durant mes études universitaires. Je ritualise en français et cela me convient tout à fait. Je nuancerais toutefois un peu mon propos car certains mots n'ont pas d'équivalent en français, notamment des concepts qui sont propres à la religion et à la culture d'un peuple. En akkadien et en sumérien, il y a par exemple :

- **Hili** (sumérien) : c'est le sex-appeal, la séduction, le charme, la volupté, la sensualité, l'attrait, le plaisir et le désir sexuel. C'est aussi la force de vie qu'Inanna déploie dans le monde ;
- ***Me*** (sumérien) : ce sont les prescriptions divines auxquelles même les dieux sont soumis. On peut les comprendre comme des destins, tout en étant une forme de pouvoir propre aux rois et aux dieux ;
- **Zalag** (sumérien) : la lumière du feu, la pureté, ce qui est brillant, lumineux. Derrière, il y a l'idée d'une lumière brillante qui purifie, comme le ferait une flamme, ainsi qu'une notion de perfection, de force et de présence divine ;
- **Puluḫtu** (akkadien) : la splendeur divine, c'est-à-dire l'irradiation de lumière divine destructrice, bienfaitrice et majestueuse qui fait naître un sentiment de crainte et de terreur religieuse ;
- **Šar** (sumérien) : la totalité, l'unité, le monde, rendre splendide, être parfait. Ce qui est accompli, parfait, complet, immense ou nombreux.

Ce sont des exemples de mots que j'utilise dans certains de mes rituels. Je ne maîtrise absolument pas le sumérien, qui est très complexe, mais je connais un peu l'akkadien. Une langue ne se limite pas à la grammaire et à la conjugaison, c'est aussi une clé pour comprendre la société qui la parle ainsi que ses coutumes. À force d'étudier la pensée religieuse mésopotamienne, j'ai appris à connaître les mots qui ont une « charge » religieuse et magique importante dans le système mésopotamien. C'est comme si ces mots créaient un écho ou qu'ils entraient en résonance avec certaines fréquences d'une entité (Inanna en l'occurrence). Ils agissent un peu comme des balises ou des stimulants qui permettent de pister une forme archaïque ou enfouie de l'énergie de la déesse. C'est une autre façon d'approcher Inanna. Cependant, je ne suis sûre de rien, car je ne sais pas toujours comment interpréter ce que je ressens, ni si ma méthodologie est la bonne. Il s'agit plutôt d'une hypothèse suite à des expériences personnelles.

Quoiqu'il en soit, il n'est pas nécessaire d'employer ces mots ou de tester cette méthode pour créer un lien avec Inanna. Elle comprend très bien le français !

Pourquoi ritualiser ?

Parce que c'est un excellent moyen d'explorer l'énergie d'une divinité. Si vous voulez expérimenter l'énergie d'Inanna, alors allez à sa rencontre lors d'un rituel. Ne vous contentez pas de lire des livres à son sujet. Celui-ci présente la place d'Inanna dans la pensée religieuse mésopotamienne avec ses symboles et ses prérogatives. Mon Inanna n'est peut-être pas la vôtre. Même s'il s'agit de la même divinité, nous n'avons pas la même relation ou les mêmes ressentis. C'est normal, et votre relation et vos ressentis sont aussi valides que les miens. Faites vos propres expériences et tissez votre relation personnelle avec Inanna.

Un rituel est un habile exercice qui permet de traverser la frontière entre l'intention et la matérialisation. C'est un acte symbolique qui modifie l'état de conscience et qui agit sur le psychologique tout comme sur l'énergétique. Il n'y a pas besoin de génuflexions complexes, d'incantations d'un autre âge et d'outils hors de prix. Ces derniers sont des béquilles pour soutenir et renforcer la volonté et l'énergie du praticien.

Il y a trois phases. La première est aussi la plus longue et concerne la préparation du rituel. C'est le travail conscient, comme savoir ressentir les énergies, travailler sa mémoire, sa concentration, sa capacité à utiliser l'énergie et à la gérer, affirmer sa volonté, se focaliser sur son intention et sur la manière de la manifester dans la matière, etc. C'est de cette phase préparatoire que surgissent les doutes, les limites ou encore les illusions. C'est un travail sur soi, mental et physique.

La deuxième est plus courte et plus intense puisqu'il s'agit de l'exécution du rituel. L'inconscient qui va être marqué par les gestes, les symboles et les paroles prononcées, mais aussi par l'atmosphère créée lors du rituel. Il n'y a pas que du psychologique, des énergies sont aussi mises en mouvement.

La troisième phase, c'est le lâcher-prise. C'est ce retour au calme si particulier que l'on ressent après avoir vécu quelque chose d'intense et bref. Il s'agit du moment où les tensions s'apaisent, on se détend et on revient à la réalité.

Les rituels que je propose sont un moyen de découvrir tout autant soi-même que l'énergie d'Inanna. Ils nécessitent peu de préparation et peu d'outils. Ce sont quelques rituels simples et accessibles à tous.

Rite de la libération du corps

Inanna est décrite comme une jeune femme qui danse dans les rues et qui ne se soucie pas du regard des gens. Ce petit rituel permet de se réapproprier son corps et de le libérer par la danse. C'est lui qui va devenir votre voix et vous révéler votre puissance intérieure. La danse est un bon moyen de faire la paix avec son corps et son esprit, et de s'affirmer en occupant l'espace autour de nous. Nous vivons dans un monde où il est parfois difficile de trouver sa place aussi bien physiquement que mentalement. Prendre conscience du volume de son corps et de l'espace qu'il occupe, c'est reprendre confiance en soi et affirmer : « j'existe et j'occupe l'espace nécessaire à mon épanouissement », ce qui permet de se libérer des tensions diverses et variées. Ce rituel peut être réalisé aussi souvent que vous le souhaitez, sachant que comme toute pratique, plus on s'exerce et plus on obtient des résultats.

Matériel :

- musique ;
- encens d'Inanna ;
- bougie d'Inanna.

Préparation :

- Écartez les meubles de votre salon ou de votre chambre pour avoir de la place pour danser.
- Choisissez les musiques de votre choix, de préférence une playlist d'une demi-heure en veillant à ce qu'elle commence et se termine par une musique douce. Pour le reste faites-vous plaisir ! Choisissez des musiques qui vous parlent et qui vous donnent envie de danser, peu importe le genre.
- Choisissez des vêtements dans lesquels vous vous sentez bien et qui n'entravent pas vos mouvements. La nudité est aussi une option envisageable.
- Mettez un peu d'encens, des bougies ou une lumière tamisée.

Avant de lancer la musique, demandez à la déesse de vous accompagner pendant cet exercice :

Jeune fille insouciante qui danse,
Laisse-moi te rejoindre dans ta transe.

Inanna, lumière splendide qui illumine le ciel
Que mon moi profond, par la danse, se révèle,
Apprends-moi à libérer ma flamme intérieure
Que ma confiance dissipe ma peur.

Ô Inanna, je t'accueille en moi,
Et que par ma danse, ton énergie se déploie.

- Inspirez profondément, détendez-vous et mettez la musique.

Le premier morceau calme vous permet de vous échauffer en douceur. Les exercices d'échauffement sont importants pour ne pas vous blesser pendant votre rituel. Quand votre corps est réveillé, laissez-vous porter par la musique et dansez.

Le but de cet exercice est de prendre conscience du volume de votre corps et de l'espace qu'il occupe. Il ne s'agit pas d'être gracile ou technique, mais de se libérer : sautez, roulez-vous par terre, rampez, tournez sur vous-même, laissez votre corps s'exprimer sans entrave et ressentez sa force et sa souplesse. Qu'il soit sauvage ou sensuel, laissez-le parler de ses frustrations, de ses douleurs, de ses joies et de ses envies. Si vous avez envie de crier, de rire ou de pleurer, allez-y, ne laissez pas la peur ou la honte vous retenir. En cet espace et cet instant, la pression sociale sur le corps n'existe pas ! Il n'y a pas de jugement, juste un corps qui s'exprime librement. Cette étape est difficile à franchir la première fois, surtout si vous n'avez pas l'habitude de vous laisser aller, mais l'essentiel est de faire de son mieux et de ne pas réfléchir. N'écoutez pas la petite voix qui vous susurre que vous faites n'importe quoi, que vous n'êtes pas belle ou beau, car une personne qui se sent bien dans son corps est toujours magnifique !

Quand la dernière musique douce commence, ralentissez le rythme, reprenez votre souffle et inspirez et expirez profondément. Refaites des exercices d'étirement et allongez-vous par terre ou sur votre lit. Ressentez votre corps de vos orteils à votre tête en respirant calmement et profondément. Sentez vos muscles se détendre et ne vous attachez pas aux pensées qui traversent votre esprit. Restez ainsi aussi longtemps que vous le souhaitez et quand vous vous sentez prêt, vous pouvez remercier Inanna de vous avoir accompagné.

Si vous le souhaitez, vous pouvez noter dans un carnet ce que vous avez ressenti avant, pendant et après le rituel, les blocages rencontrés ou les émotions qui ont été extériorisées pendant votre danse. Cela permet de faire un point sur votre état d'esprit du moment.

L'exaltation de la vulve

Pour les personnes qui veulent aller plus loin dans cette reconquête de leur corps et qui ont une vulve, vous pouvez prendre un petit miroir et l'observer pour la découvrir et l'admirer comme le fait Inanna. Il n'y a rien de sale ou de répugnant dans une vulve malgré ce qu'en dit la société. Si des individus ont été et sont encore opprimés parce qu'ils en ont une, autant aller vérifier par soi-même si elle est si dangereuse que ça. On sait tous à quoi ressemble une vulve, mais êtes-vous allé voir la vôtre ? Il est important d'observer cette partie de son anatomie, cette vulve qui fait tant peur, qui dégoûte quand le sang menstruel s'écoule, cette vulve objet de tous les fantasmes, mais tellement taboue. Prenez donc un moment pour vous familiariser avec cet ensemble d'organes qui vous appartient.

Matériel :

- 1 miroir ;
- encens d'Inanna.

Préparation :

Prenez une douche pour vous détendre si vous le souhaitez. Faites attention à l'hygiène de vos mains pour éviter les infections. Pour célébrer cette rencontre sacrée avec vous-même, vous pouvez faire brûler un peu d'encens d'Inanna et mettre un peu de musique. Calez le miroir et détendez-vous.

Soulevez le voile, regardez le trésor caché derrière les grandes lèvres. Il est toujours triste d'entendre des hommes et des femmes dire que l'urine sort du clitoris ou de voir que, dans les livres scolaires, l'appareil génital féminin est mal représenté. Peu d'individus s'intéressent également à la morphologie du clitoris, cet organe érectile entièrement dédié au plaisir et dont on ne voit qu'une toute petite partie : le gland du clitoris qui est protégé par son capuchon. Il est situé au sommet des petites lèvres et vous pouvez l'observer en tirant doucement sur le capuchon.

Connaître sa vulve, comme sa couleur ou sa morphologie, c'est reprendre le pouvoir sur votre sexe, vous savez à quoi il ressemble, vous connaissez son anatomie, vous savez ce qui vous donne du plaisir ou pas, il est à vous et nul ne peut s'en approcher sans votre consentement.

Il n'y a rien de malsain ou de honteux à observer son corps. Ce n'est pas parce que la société dit que nos vulves sont sales ou laides que c'est vrai. Vérifiez par vous-même et rappelez-vous qu'Inanna tirait sa force et son assurance de sa vulve, qu'elle trouvait magnifique !

Si vous êtes suffisamment à l'aise avec votre corps et que vous avez confiance en votre partenaire, invitez-le/la à découvrir avec vous votre intimité. C'est une manière de réviser vos cours d'anatomie et de parler de ce qui vous aimez ou non, ou de ce que vous avez envie d'essayer.

La visualisation de l'éveil de la guerrière

Il s'agit d'une visualisation qui a pour but de faire émerger la guerrière ou le guerrier qui est en chacun de nous. Elle permet de trouver en nous les ressources nécessaires face à des situations énergivores ou stressantes.

Matériel :

- bougie d'Inanna ;

- encens d'Inanna ;
- 1 grenat.

Faites brûler l'encens et allumez la bougie. Installez-vous en tailleur et respirez profondément et calmement. Prenez le grenat en main et ressentez son énergie. Laissez-vous envelopper par elle. Quand vous vous sentez prêt, rendez-vous dans votre sanctuaire intérieur ou un lieu que vous aimez.

Vous êtes maintenant dans votre sanctuaire. Vous êtes calme et détendu. Faites ce que vous avez envie de faire, comme allumer une bougie ou faire un peu de rangement ou d'aménagement. Une fois disponible, vous voyez sur votre droite la porte qui mène à votre salle d'entraînement. À quoi ressemble-t-elle ? Peut-être que des symboles sont gravés dessus ? Vous vous levez et vous l'ouvrez. Vous traversez un couloir où sont exposés quelques tableaux représentant vos plus belles victoires et vos plus grandes défaites. Restez un peu devant chaque toile. Petit à petit, le dessin devient plus clair et une image apparaît. Quelle est-elle ? Une erreur commise ou au contraire une réussite dont vous êtes fier ? Que ressentez-vous ? Tâchez de ne pas vous laisser happer par ce que vous voyez. Restez détaché et en paix avec vous-même, car ce qui est fait est fait. Tous ces tableaux, le meilleur comme le pire, appartiennent au passé. Vous devez avancer.

Après cette courte visite, le couloir s'ouvre sur une vaste salle où vous trouvez toutes sortes d'armes et d'équipements de sport. Faites-en le tour pour l'admirer et vous familiariser avec lui. Prenez le temps de bien détailler les couleurs, les odeurs et les textures. Vous pouvez également vous entraîner avec le matériel puisque c'est à vous. Alors que vous vous amusez à tester votre force avec vos nouveaux jouets, vous ressentez une présence. Vous vous arrêtez, attentif à ce qu'il se passe autour de vous. Puis, devant vous apparaît votre instructeur : Inanna.

Laissez-la venir à vous, quel que soit son apparence ou son genre. N'étouffer pas non plus vos sentiments et ressentis, laissez-les couler à travers vous. Comment est-elle ? Que ressentez-vous en sa présence ? Sentez-vous un parfum ? Que vous inspire-t-elle ? Que ressentez-vous face à elle ?

Quel que soit votre état d'esprit, inclinez-vous respectueusement et demandez-lui de vous aider à réveiller votre guerrier ou votre guerrière intérieure. Expliquez-lui pourquoi vous avez besoin de sa force et de son soutien. Laissez venir les réponses, écoutez les messages et acceptez-les. Que vous dit-elle ou que fait-elle ? Tout ce qui se passe maintenant ne concerne que vous et elle. Laissez-la vous guider. À la fin de votre entraînement/rencontre, remerciez-la.

Maintenant, vous pouvez faire le chemin inverse et quitter votre sanctuaire.

Ouvrez lentement les yeux et étirez-vous. Vous pouvez vous allonger, respirer profondément. Soyez à l'écoute de ce qu'il se passe dans votre corps et rééquilibrez votre énergie si besoin. Revenez à la réalité quand vous le souhaitez.

Conclusion

Appréhender une divinité aussi complexe et ancienne qu'Inanna n'est pas aisé. D'un point de vue mythologique, on trouve des textes très variés qui présentent des caractères de la déesse qui s'opposent et se complètent. Les hymnes font de même, elle est l'amante douce et sensuelle autant que la guerrière sanguinaire, tout comme elle est la jeune fille naïve et la femme manipulatrice. Inanna ne se laisse approcher que par ses contradictions et ses paradoxes. Elle est un champ de recherches intarissable pour qui veut l'approcher. Il y a beaucoup à dire et beaucoup à explorer. Il est donc impossible de faire le tour du visage lumineux d'Inanna en un livre. Ce visage n'est pas dépourvu de contradictions et de paradoxes puisque la lumière éclaire tout autant qu'elle brûle et détruit.

Dans le cadre d'une approche spirituelle, il importe peu de croire ou pas en une entité existant par elle-même, ce sont des choix et des voies personnels. Ce qui compte, c'est de s'initier à soi-même, de se connaître sans se juger, de rester toujours dans la compassion et de s'aimer avec nos ombres et nos blessures tout autant qu'avec nos forces et nos qualités. Nous ne sommes pas parfaits, mais nous sommes perfectibles. Inanna nous le montre en nous accompagnant dans la voie de la transformation intérieure. Elle est l'antithèse de l'effacement de l'identité, elle est colère, fureur, rire, amour, lumière et transformation.

La grande force d'Inanna, c'est son étonnante modernité. Elle est une déesse inclusive qui prend sous son aile les laissés-pour-compte. Elle est aussi une déesse qui sait ce qu'elle veut et qui refuse de se faire dicter sa conduite. Inanna est une figure mythologique qui invite à recouvrer la pleine jouissance de nous-mêmes et à savourer tous les bons côtés de la vie. À travers ses mythes, on se souvient que la vie est faite de hauts et de bas, mais c'est ce qui fait sa beauté et qui nous permet de grandir.

L'essence lumineuse d'Inanna est un mélange de lumière, de majesté, de vie végétale et de *hi-li* (joie, plaisir, attraction). Cet ensemble est un mouvement perpétuel qui intègre et transcende les contraires et les opposés.

En nous bousculant, elle nous sort de notre torpeur et nous incite à explorer d'autres voies, d'autres approches, à nous montrer curieux de tout. Cependant, son visage lumineux ne prend véritablement tout son sens que lorsqu'on regarde les ombres d'Inanna. Comme nous le verrons, elle est aussi une déesse déchue, humiliée et manipulée. Sa mythologie est marquée par de grands drames cosmiques et personnels. Si l'on veut pleinement savourer sa force et ses victoires, il est nécessaire de pleurer avec elle lorsqu'elle est vaincue ou lorsqu'elle se laisse aveugler par son pouvoir.

Inanna nous rappelle que la vie est un immense terrain de jeux et d'expérimentation, et qu'il n'est pas bon de se prendre trop au sérieux. Aussi, ne prenez pas pour argent comptant ce que j'écris, mon travail n'est pas parfait. N'hésitez pas à faire vos propres expériences et à lire des articles ou des livres sur cette déesse. Je n'ai fait qu'entrouvrir une porte sur l'incroyable richesse et la complexité d'Inanna.

Annexe

Histoire de la Mésopotamie

Vers 3700 à 2900 : période d'Uruk

Invention du tour de potier, sans doute de la roue et généralisation de l'emploi de l'araire. L'organisation sociale et politique se transforme. Les premières villes en tant que telles existent. À la fin de cette période, la population d'Uruk est estimée à près de dix mille habitants pour une superficie comprise entre 100 et 230 hectares[313]. L'innovation majeure est celle de l'écriture.

À l'origine, c'est un système de notes créé pour faciliter la gestion des ressources et des échanges qui se multiplient et se complexifient. La tablette de Kiš (vers 3500) marque les débuts de l'écriture et de la naissance du proto-cunéiforme, une écriture à base de signes pictographiques.

Vers 2900 à 2340 : période des dynasties archaïques

Les cités-États s'affirment et se développent. Elles s'organisent autour de deux centres : le palais et le temple, qui sont dirigés par les mêmes élites. L'écriture évolue et se développe. L'akkadien ap-

313. Joannès (Francis) [dir.], « Uruk », in *Dictionnaire de la civilisation mésopotamienne*, coll. « Bouquins », Robert Laffont, Paris, 2001. p. 887.

paraît[314]. À cette époque, chaque cité possède sa ou ses divinités tutélaires qui s'inscrivent dans un panthéon englobant tout le pays de Sumer.

Vers 2334 à 2193 : l'empire d'Akkad

Vers 2334, Sargon, échanson du roi Ur-Zababa de Kiš, prend le pouvoir et unifie les pays de la Basse Mésopotamie, c'est-à-dire Sumer et Akkad. Pour la première fois de leur histoire, les cités-États sont unifiées autour d'un pouvoir central situé dans la ville d'Akkad. Sargon poursuivra une politique de conquêtes jusque dans le nord de la Mésopotamie, à Mari. L'empire s'affaiblira petit à petit à cause de différentes invasions et disparaîtra avec l'arrière-arrière-petit-fils de Sargon, Šar-Kali-Šarrî.

Vers 2200 à 2111 : les Guti

Peuple originaire du Zagros, ils profiteront de la faiblesse de l'empire d'Akkad pour l'envahir et dominer une partie de la Basse Mésopotamie.

Vers 2111 à 2004 : la période néo-sumérienne

Comme son nom l'indique, c'est le renouveau des Sumériens et une renaissance culturelle, notamment pour les villes de Lagaš et d'Ur. Cette période est marquée par le royaume de la IIIe dynastie d'Ur qui domina la Basse Mésopotamie. De grandes réformes sont mises en place à tous les niveaux. La littérature mésopotamienne est foisonnante et diversifiée : épopées, hymnes, lamentations, prières,

314. L'akkadien est une langue sémitique, contrairement au sumérien qui est un isolat linguistique et une langue agglutinante. Le système d'écriture inventé par les Sumériens va être repris et adapté par les Akkadiens afin de fixer leur propre langue.

etc. La ziggourat devient un élément incontournable du paysage urbain. Ce fut une période d'une très grande créativité sur tous les plans, mais aussi celle de la fin des Sumériens.

Vers 2004 à 1595 : la période paléo-babylonienne ou période amorrite

Les Amorrites, un peuple sémite venant de Syrie, s'installent en Mésopotamie, d'abord dans le nord, puis descendent jusque dans le sud.

Isin/Larsa : à la chute de la IIIe dynastie d'Ur, la ville d'Isin étend son influence dans la région. Isin connaît son apogée sous Išme-Dagan (environ 1953 à 1935), mais durant le règne de son successeur, la ville de Larsa commence à la concurrencer. Les deux villes vont régulièrement s'affronter jusqu'à la victoire de Larsa, sous le règne de Rîm-Sîn (environ 1822-1763) qui prendra Isin vers 1794, unifiant le sud de la Mésopotamie sous l'autorité de Larsa.

Babylone : tandis que les deux cités du sud se disputent le pouvoir, plus au nord, la ville de Babylone prend son essor sous la Ire dynastie et notamment avec le sixième roi de la dynastie amorrite : Hammurabi (environ 1792-1750), dont le célèbre code nous donne un aperçu de la justice et de l'organisation sociale à cette époque. C'est ce même roi qui vaincra Rîm-Sîn, unissant ainsi le royaume de Larsa à celui de Babylone.

La langue akkadienne se divise en deux branches : l'assyrien au nord et le babylonien[315] au centre et au sud. Les sciences se développent : astronomie et surtout mathématiques. La tablette Plimp-

---

315. Ce sont des dialectes de l'akkadien. L'histoire du babylonien se divise en quatre grandes périodes : paléo-babylonien, médio-babylonien, néo-babylonien, babylonien tardif. L'assyrien se divise en trois périodes : paléo-assyrien, médio-assyrien et néo-assyrien.

ton 322 (entre 1800 et 1600) contient des triplets pythagoriciens. En 1595, Babylone est pillée par les Hittites, et les Cassites prennent le pouvoir.

Vers 1595 à 1155 : la dynastie cassite de Babylone

Les Cassites font de Babylone le cœur du pouvoir pour toute la Basse Mésopotamie (Sumer et Akkad) qui devient la Babylonie. Les Cassites n'ont pas bouleversé les pratiques mésopotamiennes, que ce soit l'organisation des temples ou la vie sociale. Sous leur règne, la culture mésopotamienne rayonne dans tout le Proche-Orient, notamment par le développement de l'akkadien (le médio-babylonien) qui devient la langue véhiculaire et diplomatique[316]. Les Cassites sont chassés du trône de Babylone par les Élamites, vers 1155.

À partir du XIVe siècle avant notre ère, une autre puissance monte dans le nord de la Mésopotamie, il s'agit du royaume assyrien. Durant la période médio-assyrienne aux environs de 1365 à 1077, l'Assyrie est un empire qui occupe la Haute Mésopotamie. En Basse Mésopotamie, la période post-cassite de 1155 à 731 est une période trouble, instable politiquement et marquée par plusieurs invasions.

Vers 911 à 612 : la période néo-assyrienne

Second empire assyrien qui au plus fort de son expansion s'étendait de l'Égypte à l'Iran grâce une politique de conquête très agressive et à des rois guerriers comme Sargon II. Son prédécesseur, Salmanazar V, conquiert le royaume d'Israël en 722. Sous Sennašerib (704-681), la capitale est transférée à Ninive, tandis que Babylone est pillée et détruite en 689. La statue du dieu Marduk est déportée

316. Pour simplifier, l'akkadien était l'équivalent de l'anglais aujourd'hui. À la fois une langue vernaculaire (propre à un peuple) et véhiculaire (c'est-à-dire systématiquement employée pour communiquer quand les individus ne parlaient pas la même langue).

en Assyrie, symbolisant ainsi la soumission de la ville. Après la mort d'Aššurbanipal en 630/627, l'empire fut confronté à plusieurs guerres qui le minèrent de l'intérieur. La prise de la capitale par les Mèdes et les Babyloniens en 612 sonnent le glas de l'empire assyrien.

Vers 612 à 539 AEC : la période néo-babylonienne

C'est le retour de la Babylonie et de sa prédominance politique et économique. Elle est construite sur l'héritage de l'empire assyrien et fondée par Nabopolassar, premier roi de la XIe dynastie de Babylone. La figure emblématique de cette petite période est Nabuchodonosor II, le fils de Nabopolassar, qui, en 597, assiège Jérusalem, détruit son temple et déporte ses élites à Babylone.

En 539, les Perses, avec à leur tête Cyrus, prennent Babylone. C'est la fin des grands royaumes mésopotamiens et de leur indépendance. La Mésopotamie intègre l'Empire perse et les envahisseurs utiliseront le cunéiforme pour fixer leur langue.

BIBLIOGRAPHIE

Sources primaires : textes mésopotamiens et traductions, textes bibliques et antiques

BLACK (Jeremy) [dir.], *The Electronic Text Corpus of Sumerian Literature* [en ligne], Oriental Institute, University of Oxford, Oxford, 2006. Consultable sur : http://etcsl.orinst.ox.ac.uk/

BOTTÉRO (Jean) et KRAMER (Samuel Noah), *Lorsque les dieux faisaient l'homme. Mythologie mésopotamienne*, coll. « Bibliothèque des Histoires », Gallimard, Paris, 1989.

BOTTÉRO (Jean), *L'Épopée de Gilgameš. Le grand homme qui ne voulait pas mourir*, coll. « L'aube des peuples », Gallimard, Paris, 1992.

HÉRODOTE, *Histoires*, Clio, Charpentier, Paris, 1850.

JACOBSEN (Thorkild), *The Harps that Once… Sumerian Poetry in Translation*, Yale University Press, New Haven, Londres, 1987.

La Nouvelle Bible Segond. Édition d'étude, Alliance biblique universelle/Société biblique française/Bibli'o, Paris, 2002.

SEUX (Marie-Joseph), *Hymnes et prières aux dieux de Babylonie et d'Assyrie*, coll. « Littératures anciennes du Proche-Orient », Les Éditions du Cerf, Paris, 1976.

STRABON, *Géographie*, livre XVI, traduction d'Amédée Tardieu, Hachette, Paris, 1885.

Traduction œcuménique de la Bible, Bibli'O/Société biblique française, Les Éditions du Cerf, Paris, 2010.

Grammaire

BORD (Lucien-Jean), *Petite Grammaire du sumérien à l'usage des débutants,* 2e édition revue et augmentée, Librairie orientaliste Paul Geuthner, Paris, 2003.

Manuels, lexiques et dictionnaires

Association assyriophile de France, *Akkadian Dictionary* [en ligne] http://www.assyrianlanguages.org/akkadian/search.php

BLACK (Jeremy) et GREEN (Anthony), *Gods, Demons and Symbols of Ancient Mesopotamia,* University of Texas Press, Austin, 1992.

BORD (Lucien-Jean), *Petit Lexique du sumérien à l'usage des débutants,* 2e édition revue et corrigée, Librairie orientaliste Paul Geuthner, Paris, 2003.

BRISCH (Nicole) [dir.], *Ancient Mesopotamian Gods and Goddesses* [en ligne], ORACC[317], Faculty of Archeology, University of Cambridge, Cambridge, 2011. Consultable sur http://oracc.museum.upenn.edu/amgg/index.html

CHEVALIER (Jean) et GHEERBRANT (Alain), *Dictionnaire des symboles. Mythes, rêves, coutumes, gestes, formes, couleurs, nombres,* 2e édition revue et augmentée, coll. « Bouquins », Robert Laffont/Jupiter, Paris, 1997.

---

317. L'Open Richly Annotated Cuneiform Corpus est un projet porté par Steve Tinney de l'université de Pennsylvanie. C'est un projet international réunissant des universités, des musées, des chercheurs et des doctorants, qui vise à mettre en ligne et à la disposition de tous les textes et tablettes cunéiformes (textes, traductions, bibliographies, articles…). L'AMGG (Ancient Mesopotamian Gods and Goddesses), l'ePSD (Electronic Pennsylvanian Sumerian Dictionary) sont affiliés à l'ORACC. La liste des projets est en ligne et consultable sur http://oracc.museum.upenn.edu/projectlist.html
C'est sans aucun doute l'une des plus importantes ressources disponibles et fiables sur les textes mésopotamiens.

Concordance de la traduction œcuménique de la Bible, Les Éditions du Cerf/Société biblique française, Paris, 1993.

JOANNES (Francis) [dir.], *Dictionnaire de la civilisation mésopotamienne,* coll. « Bouquins », Robert Laffont, Paris, 2001.

LABAT (René) et MALBRAN-LABAT (Florence), *Manuel d'épigraphie akkadienne. Signes, syllabaire, idéogrammes,* 6e édition revue et corrigée, Librairie orientaliste Paul Geuthner, Paris, 2011.

REYMOND (Philippe), *Dictionnaire d'hébreu et d'araméen bibliques,* Les Éditions du Cerf/Société biblique française, Paris, 1991.

ROTH (Marta Tobi) [éd.], *The Assyrian Dictionary of the Oriental Institute of the University of Chicago,* 21 vol., The Oriental Institute, Chicago, 1964-2010.

TINNEY (Steve) [dir.], *Electronic Pennsylvania Sumerian Dictionary* [en ligne], ORACC, Babylonian Section, University of Pennsylvania's Museum of Anthropology and Archaeology, Philadelphie, dernière édition : 2006. Consultable sur http://psd.museum.upenn.edu/nepsd-frame.html

L'histoire de la Mésopotamie

AURENCHE (Olivier), « Préhistoire des sociétés hydrauliques du Proche-Orient ancien », in METRAL (Françoise et Jean) [dir.], *L'Homme et l'Eau en Méditerranée et au Proche-Orient, vol. II : Aménagements hydrauliques, état et législation,* séminaire de recherche 1980-1981, coll. « Travaux de la Maison de l'Orient et de la Méditerranée Jean-Pouilloux », n° 3, GIS/Maison de l'Orient/Presses universitaires de Lyon, Lyon, 1982. p. 31-44.

BOTTERO (Jean), *Au commencement étaient les dieux,* coll. « Pluriel », Fayard, Paris, 2012.

__________, *L'Écriture, la Raison et les Dieux,* coll. « Folio Histoire », n° 81, Gallimard, Paris, 1997.

Charpin (Dominique) et Michel (Cécile), « Les voyages : la naissance de l'Assyriologie », in *La Fabrique de l'Histoire,* le 14/12/2016, *France Culture,* 52 min. Consultable sur https://www.franceculture.fr/emissions/la-fabrique-de-lhistoire/histoire-de-la-mesopotamie-34-la-naissance-de-lassyriologie

Charpin (Dominique), « Comment peut-on être assyriologue ? », leçon inaugurale du 02/10/2014 [vidéo en ligne], Collège de France. Consultable sur https://www.college-de-france.fr/site/dominique-charpin/inaugural-lecture-2014-10-02-18h00.htm

Glassner (Jean-Jacques), *Écrire à Sumer. L'invention du cunéiforme,* coll. « L'Univers historique », Seuil, Paris, 2000.

Kramer (Samuel Noah), *L'histoire commence à Sumer,* nouvelle édition revue et augmentée, coll. « Champs Histoire », n° 298, Flammarion, Paris, 1994.

Nissen (Hans Jörg), *The Early History of Ancient Near East: 9000-2000 B.C.,* University of Chicago, Chicago, 1988.

Roux (Georges), *La Mésopotamie : essai d'histoire politique, économique et culturelle,* édition revue et augmentée, coll. « Points Histoire », n° 192, Seuil, Paris, 1995.

La religion mésopotamienne

Amar (Annus), *The God Ninurta in the Mythology and Royal Ideology of Ancient Mesopotamia, State Archives of Assyria Studies,* vol. XIV, The Neo-Assyrian Text Corpus Project, Helsinki, 2002.

Anagnostou-Laoutides (Eva), *In the Garden of the Gods: Models of Kingship from the Sumerians to the Seleucids,* Routledge, Abingdon-on-Thames, 2017.

Attinger (Pascal), « Enki et Ninhursaga », *CDLI.* Consultable sur https://cdli.ucla.edu/dl/pdf/P469514.pdf

AZARPAY (Guitty), « Nanâ, the Sumero-Akkadian Goddess of Transoxiana », in *Journal of the American Oriental Society*, vol. 96, n° 6, 1976, p. 536-542.

BARBERON (Lucile), *Les Religieuses et le culte de Marduk dans le royaume de Babylone*, coll. « Mémoires de NABU », n° 14, SÉPOA, Paris, 2012.

BEAULIEU (Paul-Alain), *The Pantheon of Uruk During the Neo-Babylonian Period*, Cuneiform monographs 23, Brill/Styx, Leyde et Boston, 2003.

BENDT (Alster), « An aspect of Enmerkar and the Lord of Aratta », in *Revue d'assyriologie*, vol. 67, 1973, p. 101-109.

BIGGS (Robert), *ŠA.ZI.GA, Ancient Mesopotamian Potency Incantations*, Augustin, Locust Valley, 1967.

BOTTERO (Jean), *La Plus Vieille Religion. En Mésopotamie*, coll. « Folio Histoire », n° 82, Gallimard, Paris, 1998.

_________, *Mythes et Rites de Babylone*, coll. « Bibliothèque de l'École des hautes études », Honoré Champion, Paris, 1985.

BRISCH (Nicole), « The Priestess and the King: The Divine Kingship of Šū-Sîn of Ur », in *Journal of the American Oriental Society*, vol. 126, n° 2, 2006, p. 161-176.

CASSIN (Elena), *Le Semblable et le Différent. Symbolismes du pouvoir dans le Proche-Orient ancien*, La Découverte, Paris, 1987.

CHARPIN (Dominique), *Les Temples en Mésopotamie : approche fonctionnelle*, Collège de France, cours du 8/10/2014 au 21/01/2015. Consultable sur https://www.college-de-france.fr/site/dominique-charpin/course-2014-2015.htm

COOPER (Jerrold S.), « Review: Assyrian Prophecies, the Assyrian Tree, and the Mesopotamian Origins of Jewish Monotheism, Greek Philosophy, Christian Theology, Gnosticism, and Much More by PARPOLA Simo », in *Journal of the American Oriental Society*, vol. 120, n° 3, 2000, p. 330-344.

__________, « Sacred Marriage and Popular Cult in Early Mesopotamia », in MATSUSHIMA (Eiko) [éd.], *Official Cult and Popular Religion in the Ancient Near East, Papers of the First Colloquium on the Ancient Near East*, Universitätsverlag C. Winter, Heidelberg, 1993, p. 81-96.

GALLERY (Maureen L.), « Services obligations of the kezer-tum-women », in *Orientalia*, vol. 49, n° 4, 1980, p. 333-338.

GOODNICK WESTENHOL (Joan), « Trading the Symbols of the Goddess Nanaya », in WICK (Peter) et RABENS (Volker) [éd.], *Religions and Trade: Religious Formation, Transformation and Cross-Cultural Exchange between East and West*, Brill, Leyde, 2013, p. 167-198.

__________, « Nanaya: Lady of Mystery », in FINKEL (Irving) et GELLER (Markham) [éd.], *Sumerian Gods and Their Representations*, Cuneiform Monographs 7, Styx Publications, Groningue, 1997, p. 57-84.

LAPINKIVI (Pirjo), *The Sumerian Sacred Marriage in the Light of Comparative Evidence*, State Archives of Assyria Studies, vol. XV, The Neo-Assyrian Text Corpus Project, Helsinki, 2004.

MATSUSHIMA (Eiko), « Le rituel hiérogamique de Nabu », in *Acta Sumerologica*, vol. 9, 1987, p. 131-175.

MCCAFFREY (Kathleen), « The Sumerian Sacred Marriage: Texts and Images », in CRAWFORD (Harriet) [éd.], *The Sumerian World*, Routledge, Abingdon-on-Thames, 2013, p. 227-245.

NINISSEN (Martti), « Akkadian Rituals and Poetry of Divine Love », in WHITING (R.M) [éd.], *Proceedings of the Second Annual Symposium of the Assyrian and Babylonian Intellectual Heritage Project*, The Neo-Assyrian Text Corpus Project, Helsinki, 2001, p. 93-136.

PARPOLA (Simo), « The Assyrian tree of life: Tracing the origins of Jewish monotheism and Greek philosophy », in *Journal of the Near Eastern Studies*, vol. 52, n° 3, 1993, p. 161-208.

PONGRATZ-LEISTEN (Beate), « Sacred Marriage and the Transfer of Divine Knowledge: Alliance Between the Gods and the King in Ancient Mesopotamia », in NINISSEN (Martti) et URO (Risto) [éd.], *Sacred Marriages: The Divine-Human Sexual Metaphor from Sumer to Early Christianity*, Eisenbrauns, Winona Lake, 2008, p. 43-73.

RENDU LOISEL (Anne-Caroline), « Heurs et malheurs du jardinier dans la littérature sumérienne », in BARDU (Daniel), BORGEAUD (Philippe), LOZAT (Mélanie) et VOLOKHINE (Youri) [dir.], *Mondes Clos. Cultures et Jardins*, supplément 1, Infolio, Gollion, 2013, p. 67-84, consulté sur *ASDIWAL, Revue genevoise d'anthropologie et d'histoire des religions* : https://journals.openedition.org/kernos/2258?lang=fr

ROSENGARTEN (Yvonne) et BAER (André), *Sumer et le Sacré. Le jeu des prescriptions (me), des dieux et des destins*, Éditions de Boccard, Paris, 1977.

SCHEIL (Jean-Vincent), *Le Code d'Hammurabi*, 2e édition, vol. 1, Paléo, Clermont-Ferrand, 1903.

SHARLACH (Tonia), « Priestesses, Concubines and the Daughters of Men: Disentangling the Meaning of the Term Lukur in Ur III Times », in MICHALOWSKI (Piotr) [éd.], *On the Third Dynasty of Ur: Studies in Honor of Marcel Sigrist*, The Journal of Cuneiform Studies Supplemental series n° 1, American Schools of Oriental Research, Boston, 2008, p. 177-183.

SINCLAIR (Andrea), « Colour symbolism in ancient Mesopotamia », in *AncientPlanet Journal Online*, vol. 2, 2012, p. 18-33. Consultable sur https://ancientplanet.blogspot.com/p/past-issues.html

Soffer (Philippe), *Les Fleurs dans la littérature sumérienne. Approche linguistique et thématique*. Consultable sur https://www.academia.edu/44258553/Article_fleurs_et_poésie_sumérienne

Stone (Elizabeth), « The Social Role of the Nadītu Women in Old Babylonian Nippur », in *Journal of the Economic and Social History of the Orient*, vol. 25, n° 1, 1982, p. 50-70.

Thureau-Dangin (François), *Les Cylindres de Gudea. Transcription, traduction, commentaire, grammaire et lexique*, Ernest Leroux éditeur, Paris, 1905.

Van Der Toorn (Karel), « La pureté rituelle au Proche-Orient ancien », in *Revue de l'histoire des religions*, vol. 206, n° 4, 1989, p. 339-356.

Watanabe (Chikako Esther), « The lion metaphor in the Mesopotamian Royal context », in *Topoi : Les Animaux et les hommes dans le monde syro-mésopotamien aux époques historiques*, supplément 2, 2000, p. 299-309.

Wiggermann (Franciscus Antonius Maria), « Nammu », in *Reallexikon der Assyriologie und vorderasiatischen Archäologie* 9, de Gruyter, Berlin, 1998-2001, p. 329-335.

Winter (Irene), « Gold! Light and Lustre in Ancient Mesopotamia », in Matthews (Roger) et Curtis (John) [éd.], *Proceedings of the 7th International Congress on the Archaeology of the Ancient Near East*, vol. 2, Harrassowitz Verlag, Wiesbaden, 2012, p. 153-171.

Yoffee (Norman), « The Economics of Ritual at late Old Babylonian Kish », in *Journal of the Economic and Social History of the Orient*, vol. 41, n° 3, 1998, p. 312-343.

Études et articles sur Inanna

Bonnet (Corinne) et Slobodzianek (Iwo), « De la steppe au bateau céleste ou comment Inanna accomplit son destin entre mythe et rite », in BELAYCHE (Nicole) et PIRENNE-DELFORGE (Vinciane) [dir.], *Fabriquer du divin : constructions et ajustements de la représentation des dieux dans l'antiquité,* coll. « Religions-Comparatisme-Histoire-Anthropologie », vol. 5, Presses universitaires de Liège, Liège, 2015, p. 21-40.

BRUSCHWEILER (Françoise), *Inanna, la déesse triomphante et vaincue dans la cosmologie sumérienne,* coll. « Les Cahiers du CEPOA », 4, Peeters Publishers, Louvain, 1987.

COLLINS (Paul), « The Sumerian Goddess Inanna (3400-2200 BC) », in *Papers from the Institute of Archeology,* vol. 5, 1994, p. 103-118.

DE SHONG MEADOR (Betty), *Inanna, Lady of the Largest Heart: Poems of the Sumerian High Priestress Enheduanna,* University of Texas Press, Austin, 2001.

GLASSNER (Jean-Jacques), « Ishtar maîtresse des inversions, patronne des rites de passage », in CAIOZZO (Anna) et ERNOULT (Nathalie) [dir.], *Femmes médiatrices et ambivalentes. Mythes et imaginaires,* coll. « Recherches », Armand Colin, Paris, 2012, p. 259-266.

HARRIS (Rivkah), « Inanna-Ishtar as Paradox and a Coincidence of Opposites », *History of Religions,* vol. 30, n° 3, 1991, p. 261-278.

JONES (Philip), « Embracing Inana: Legitimation and Mediation in the Ancient Mesopotamian Sacred Marriage Hymn Iddin-Dagan A », in *Journal of the American Oriental Society,* vol. 123, n° 2, 2003, p. 291-302.

LAMBERT (Wilfred George), « The Cult of Ishtar of Babylon », in *Le Temple et le Culte. Compte rendu de la vingtième Rencontre assyriologique internationale,* 1972, Istanbul, p. 104-106.

LEWIS (Megan Hollie Caroline), *Warrior, Lover, Queen, Mother: The Goddess Ištar and her Relationship with Humanity,* thèse de master de philosophie, sous la direction de LIVINGSTONE Alasdair, University of Birmingham, Birmingham, 2012.

LOWE (Alexandra Louise), *Let's Talk About Sex: A Study into the Sexual Nature of the Goddess Inanna,* thèse de master de recherche en littérature classique, histoire ancienne et archéologie, sous la direction de LIVINGSTONE Alasdair, University of Birmingham, Birmingham, 2015.

MATSUSHIMA (Eiko), « Ištar and Other Goddesses of the So-Called "Sacred Marriage" in Ancient Mesopotamia », in SUGIMOTO (David) [éd.], *Transformation of a Goddess: Ishtar–Astarte–Aphrodite,* Academic Press Fribourg, Fribourg, 2014, p. 1-14.

ORTEGA (Christopher E.), « Inanna Ishtar: Reinforcer of Heteronormativity, or Legitimizer of Non-Heteronormativity? », in *Western Regional Conference of the American Academy of Religion,* 2015.

PRYKE (Louise M.), *Ishtar,* coll. « Gods and Heroes of the Ancient World », Routledge, Abingdon-on-Thames, 2017.

STUCKEY (Johanna H.), « Inanna, Goddess of "Infinite Variety" » [en ligne], in *Matrifocus: Cross-Quaterly for the Godess Woman,* vol. 4-1, 2004. Consultable sur https://www.academia.edu/23458433/Inanna_Goddess_of_Infinite_Variety

SLOBODZIANEK (Iwo), *Acquérir, exprimer et transmettre les « pouvoirs » divins : une comparaison entre Aphrodite et Inanna-Ištar,* thèse de doctorat en sciences de l'Antiquité, sous la direction de BONNET Corinne, Toulouse, université Toulouse 2-Le Mirail, 2012.

__________, « Fureur, complainte et terreur d'Inanna : dynamiques de l'émotion dans les représentations religieuses littéraires sumériennes », in *Mythos: Revista di storia delle religioni,* vol. 4, 2010, p. 27-39.

TEPPO (Saana), « Sacred Marriage and the Devotees of Ištar », in NISSINEN (Martti) et URO (Risto) [éd.], *Sacred Marriages: The Divine-*

Human Sexual Metaphor from Sumer to Early Christianity, Eisenbrauns, Winona Lake, 2008, p. 75-92.

WINITZER (Abraham), « Old Signs in New Dress? On the Meaning of Inanna's Symbol as Sign and "Presence" in Early Babylonian Divination », in CRISOSTOMO (Jay), ESCOBAR (Eduardo A.), TANAKA (Terri) et VELDHUIS (Niek) [dir.], *The Scaffolding of Our Thoughts, Ancient Magic and Divination*, vol. 13, Brill, Boston, 2018, p. 26-57.

WOLKSTEIN (Diane) et KRAMER (Samuel Noah), *Inanna, Queen of Heaven and Earth: Hers stories and Hymns from Sumer*, Harper & Row, New York, 1983.

ZETTLER (Richard L.) et SALLABERGER (Walther), « Inana's Festival at Nippur under the Third Dynasty of Ur », in *Zeitschrift für Assyriologie und vorderasiatische Archäologie*, vol. 101, n° 11, p. 1-71.

Les religions du bassin méditerranéen

COLLANGE (Jean-François), « "À la sueur de ton front" : Le travail et la peine selon Genèse 3, 17-19 », in *Autres Temps. Les cahiers du christianisme social*, n° 40, 1993, p. 20-26.

FREYMER-KENSKY (Tikva), *In the Wake of the Goddesses: Women, Culture and the Biblical Transformation of Pagan Myth*, 2e édition, Fawcett Columbine, New York, 1994.

IBRAHIM FREDRIKSON (Nadia), « La perle, entre l'océan et le ciel : origines et évolution d'un symbole chrétien », in *Revue de l'histoire des religions*, tome 220, n° 3, 2003, p. 283-317.

PATAI (Raphael), *The Hebrew Goddess*, 3e édition augmentée, Wayne State University Press, Détroit, 1998.

RÖMER (Thomas), *Dieu obscur. Le sexe, la cruauté et la violence dans l'Ancien Testament*, nouvelle édition augmentée, essais bibliques, n° 27, Labor et Fides, Genève, 2009.

SCHMITT (Rüdiger), « Astarte, Mistress of Horses, Lady of the Chariot: The Warrior Aspect of Astarte », in *Die Welt des Orients*, tome 43, vol. 2, 2013, p. 213-225.

SIEGEL (Benjamin), *Asherah Alienated: A Gender-Discursive Analysis of the Goddess and her Cult(s) in Ancient Israel*, thèse de master en arts dans les religions, Bible hébraïque et histoire du Proche-Orient ancien, The Claremont School of Theology, Californie.

SCHOLEM (Gershom), *La Kabbale. Une introduction, origines, thèmes et biographies*, coll. « Folio Essais », n° 426, Gallimard, Paris, 2003.

__________, *Origins of the Kabbalah*, Princetone classics 38, Princetone University Press, Princetone, 1991.

VIROLLEAUD (Charles), « La mythologie phénicienne d'après les poèmes de Ras-Shamra », in *Annuaire des sciences religieuses*, annuaire 1937-1938, 1937, p. 5-19.

WHITT (William), « The divorce of Yahweh and Asherah, in Hos 2,4-7.12 ff », in *Scandinavian Journal of the Old Testament*, vol. 6, 1992, p. 31-67.

Genre et sexualité au Proche-Orient ancien

ARNAUD (Daniel), « La prostitution sacrée en Mésopotamie, un mythe historiographique ? », in Bulletin de la Société Ernest-Ronan, *Revue de l'histoire des religions*, vol. 183, n° 1, 1973, p. 103-116.

ASHER-GREVE (Julia) et GOODNICK WESTENHOLZ (Joan) [éd.], *Goddesses in Context: on Divine Powers, Roles, Relationships, Gender in Mesopotamian Textual and Visual Sources*, Academic Press Fribourg, Fribourg, 2013.

ASHER-GREVE Julia, « "Golden Age" of Women? Status and Gender in Third Millennium Sumerian and Akkadian Art », in SCHROER (Silvia) [dir.], *Images and Gender, Contributions to the Hermeneutics of*

Reading Ancient Art, Academic Press Fribourg, Fribourg, 2006, p. 41-81.

Assante (Julia), « The KAR.KID/Hamritu, prostitute or single woman? A reconsideration of the evidence », in *Ugarit-Forschungen*, 30, Münster,1998, p. 5-96.

Bottéro (Jean) et Kramer (Samuel Noah), *L'Érotisme sacré à Sumer et à Babylone*, Berg International, Paris, 2011.

Cooper (Jerrold S.), « The Job of Sex: The Social and Economic Role of Prostitutes in Ancient Mesopotamia », in Lion (Brigitte) et Michel (Cécile), *The Role of Women in Work and Society in the Ancient Near East*, De Gruyter, Berlin, 2016, p. 209-227.

__________, « Sex in Temple », in Kaniuth (Kai), Löhnert (Anne), Miller (Jared L.), Otto (Adelheid), Roaf (Michael) et Sallaberger (Walther), *Tempel im Alten Orient*, Internationales Colloquium der Deutschen Orient-Gesellschaft, n° 7, Harrassowitz Verlag, Munich, 2009, p. 49-58.

__________, « Prostitution », in *Reallexikon der Assyriologie und Vorderasiatischen Archäologie*, vol. 11, 2007, p. 12-21.

__________, « Virginity in Ancient Mesopotamia », in Parpola (Simo) et Whiting (Robert McCray) [éd.], *Sex and Gender in the Ancient Near East: Proceedings of the 47th Rencontre assyriologique internationale*, vol. 47, n° 1, The Neo-Assyrian Corpus Project, Helsinki, 2002, p. 91-112.

Glassner (Jean-Jacques), « Polygynie ou prostitution : une approche comparative de la sexualité masculine », in Parpola (Simo) et Whiting (Robert McCray) [éd.], *Sex and Gender in the Ancient Near East: Proceedings of the 47th Rencontre assyriologique internationale*, vol. 47, n° 1, The Neo-Assyrian Corpus Project, Helsinki, 2002, p. 151-164.

Goodnick Westenholz (Joan), « Tamar, Qedeša, Qadištu, and sacred prostitution in Mesopotamia », in *The Harvard Theological Review*, vol. 82, n° 3, Cambridge University Press, 1989, p. 245-265.

Grandpierre (Véronique), *Sexe et Amour de Sumer à Babylone*, coll. « Folio Histoire », n° 195, Gallimard, Paris, 2012.

Leick (Gwendolyn), *Sex and Eroticism in Mesopotamian Literature*, Routledge, Abingdon-on-Thames, 1994.

Nemet-Nejat (Karen Rhea), « Women in Ancient Mesopotamia », in Vivante (Bella) [éd.], *Women's Roles in Ancient Civilizations: A Reference Guide*, Greenwood Press, Westport/Londres, 1999, p. 85-114.

Nissinen (Martti), *Homoeroticism in the Biblical World. A historical perspective*, Augsburg Fortress Press, Minneapolis, 1998.

Peled (Ilan), « kula'ūtam epēšum: Gender Ambiguity and Contempt in Mesopotamia », in *Journal of the American Oriental Society*, vol. 135, n° 4, 2015, p. 751-764.

Römer (Thomas), « Amitiés, amours, sexualités : partie 1 sur 2 », Collège de France [en ligne]. Consultable sur https://www.college-de-france.fr/site/thomas-romer/Amities-amours-sexualites-12.htm

Roscoe (Will), « Priests of the Goddess: Gender Transgression in Ancient Religion », in *History of Religions*, vol. 35, n° 3, 1996, p. 195-230.

Silver (Morris), « Temple/Sacred Prostitution in Ancient Mesopotamia Revisited Religion in the Economy », in *Ugarit-Forschungen*, 38, 2006, p. 631-663.

Scurlock (Johann), « The Status of Women in Ancient Mesopotamia », in Cannistraro (Philip) et Reich (John) [dir.], *The Western Perspective: A History of Civilization of the West*, Harcourt Brace College Publishers, 1999, p. 62-64.

Van Wyk (Susandra), « Prostitute, Nun or "Man-Woman": Revisiting the Position of the Old Babylonian Nadiatu-Priestesses », in *Journal of Northwest Semitic Languages*, vol. 41/2, 2015, p. 95-122.

Veenker (Ronald A.), « Forbidden fruit: Ancient Near Eastern Sexual Metaphors », in *Hebrew Union College Annual*, vol. 70/71, 1999, p. 57-74.

Autres ressources

Caillois (Roger), *Les Jeux et les Hommes. Les masques et le vertige*, Gallimard, Paris, 1958.

Leroy (Fernand), *Histoire de naître. De l'enfantement primitif à l'accouchement médicalisé*, De Boeck Supérieur, Louvain-la-Neuve, 2001.

Simonnet (Dominique), « Le sexe au xixe, le siècle "des oies blanches et des bordels" », in *L'Express*, le 14/08/2016, consultable sur https://www.lexpress.fr/actualite/societe/sexualite/le-sexe-au-xixe-le-siecle-des-oies-blanches-et-des-bordels_1810197.html

Soror D.S et Spartakus Freeman, *Les Sigils. La magie du xxie siècle*, Éditions Bussière, Paris, 2010.

Thuly (Arnaud), *La Voie du mage*, nouvelle édition, Alliance Magique, Toulouse, 2014.

Vous avez aimé *Inanna* ?

N'hésitez pas à le faire savoir !
Laissez-nous un avis et/ou une photo
sur votre réseau social favori !

Vos commentaires participent à la visibilité de notre travail et nous aident à toujours vous proposer des ouvrages au plus proche de vos attentes.

Merci ❊

LIVRES
DU MÊME ÉDITEUR

Circé

SELENYA

148 × 210 mm
Illustrations N&B / 192 p.

Grâce à cet ouvrage initiatique et progressif, partez à la rencontre de la déesse des Métamorphoses et des Poisons pour vous adonner à sa magie par le biais de son culte. Chaque chapitre comprend une exégèse et une application pratique en sorcellerie, de manière à rencontrer la déesse et pratiquer étape par étape.
Laissez-vous guider et découvrez les rites d'adoration, de purification, de protection, de communication aux esprits et d'amour, qui vous mèneront sur l'envoûtant sentier d'une sorcière pas comme les autres…

Hathor

LESLEY JACKSON

Hathor était autrefois l'une des déesses d'Égypte les plus importantes. Aujourd'hui, d'aucuns la voient comme la déesse-vache. Mais ce n'est que l'un de ses nombreux visages…

Cet ouvrage complet explore les différents rôles et titres d'Hathor, ses associations avec d'autres divinités, ses temples, son culte, ses festivals et son déclin subséquent vers la fin de la période gréco-romaine.

148 × 210 mm
Illustrations N&B / 368 p.

Isis

LESLEY JACKSON

Vénérée pendant des millénaires, Isis a joué bien des rôles, comme le montrent les nombreux temples, symboles et écrits laissés par ses fidèles.

Dans ce livre très complet, Lesley Jackson s'appuie sur les principales sources écrites d'information sur Isis, qui sont les textes des anciens Égyptiens et des auteurs classiques. Ses commencements, sa naissance, son lieu d'origine, ses noms, ses attributs, son iconographie, ses relations, ses symboles (dont l'ânkh, le *tyet,* le sistre et la sistula) et le développement de son culte : tous ces éléments sont étudiés avec soin.

148 × 210 mm
Illustrations N&B / 368 p.

Le Guide de la Déesse

BRANDI AUSET

148 × 210 mm
Illustrations N&B / 376 p.

Pour construire ce livre, l'un des ouvrages les plus complets sur le féminin sacré, l'auteure à la plume passionnée a visité des musées, interviewé des adoratrices de la Déesse et des grandes prêtresses, a étudié les œuvres classiques de Starhawk, D. J. Conway et d'autres grands noms de la spiritualité.

Facile à utiliser, *Le Guide de la Déesse* rassemble pas moins de 400 déesses de diverses cultures, croyances et traditions du monde entier, répertoriées selon leurs attributs, leur mythologie et la façon dont elles sont honorées.

La Déesse au quotidien

PATRICIA MONAGHAN

148 × 210 mm
Illustrations N&B / 448 p.

Explorez chaque jour l'une des innombrables facettes de la Déesse... Rendez quotidiennement hommage à votre féminin sacré.

Grâce à cet ouvrage, présenté comme un livre de méditations quotidiennes, vous pourrez consacrer chaque jour à la Déesse et à votre évolution magique.

LES AUTRES DÉESSES AUX ÉDITIONS DANAÉ

Hécate
Manuel de dévotion,
Vivienne Moss
Broché 148 × 210
96 p.

Hécate
Au seuil du sanctuaire,
Sorita d'Este
et David Rankine
Broché 148 × 210
188 p.

Perséphone,
Camille Serres
Broché 148 × 210
182 p.

Lilith
Reine des sorcières,
Athénos Orphée
Broché 148 × 210
116 p.

La Morrigan,
Morgan Daimler
Broché 148 × 210
104 p.

Brigid,
Morgan Daimler
Broché 148 × 210
112 p.

Notes

NOTES